帝企鹅管理实务丛书

U0651010

带好团队
赢得客户

领导的8堂完美沟通课

宗 权 ◎编著

人民邮电出版社

北 京

图书在版编目（CIP）数据

带好团队，赢得客户：领导的8堂完美沟通课 / 宗
权编著. -- 北京：人民邮电出版社，2014.1
（帝企鹅管理实务丛书）
ISBN 978-7-115-34014-6

Ⅰ．①带… Ⅱ．①宗… Ⅲ．①企业领导学 Ⅳ.
①F272.91

中国版本图书馆CIP数据核字(2013)第293677号

内 容 提 要

领导者成功与否，与沟通能力有很大的关系。良好的沟通不仅能使领导者拥有号
召力和凝聚力，更能使领导者得心应手并卓有成效地开展工作。本书从气场的修炼、
处世的精明和执行的有力等 8 个方面，向读者阐述了良好的沟通不仅仅是语言的沟通，
还包括行为的交流、心灵的共鸣以及情绪的调节。对于领导者来说，全方位掌握沟通
技巧是提升领导力、打造高效团队的必修课。

◆ 编　著　宗　权
　　责任编辑　任忠鹏
　　执行编辑　张婷婷

◆ 人民邮电出版社出版发行　　北京市丰台区成寿寺路 11 号
　　邮编　100164　　电子邮件　315@ptpress.com.cn
　　网址　http://www.ptpress.com.cn
　　北京隆昌伟业印刷有限公司印刷

◆ 开本：700×1 000　1/16
　　印张：14　　　　　　　　　　　2014 年 3 月第 1 版
　　字数：220 千字　　　　　　　2014 年 3 月北京第 1 次印刷

定价：35.00 元

读者服务热线：(010)81055292　印装质量热线：(010)81055316
反盗版热线：(010)81055315
广告经营许可证：京崇工商广字第 0021 号

阅读的快乐，不在于读什么书，不在于读书的环境，
而在于阅读之后有什么可与别人分享

序 言
Preface

魅力本是领导者应该具备的非凡品质。在领导和管理活动中，领导魅力的作用主要表现为领导者对组织成员的吸引力、凝聚力和感召力，并因此而形成领导者和组织成员间的和谐关系。

回顾现实的管理工作，我们会发现，一个卓越的领导很容易获得组织成员的认同、信赖。组织成员会自然认同、自发追随，同时又将这种认同上升到更高的精神状态上去。历史上，凡是有魅力的领导人，掌握的权力不断提升的同时，其领导魅力也在不断增长，甚至和其职务权力的增长成正相关。例如，罗斯福、戴高乐等。

今天，无论我们是从气场的角度入手，或者是从技巧的方面着力，领导艺术说到底，谈的仍是领导魅力的问题。领导魅力"刚"的一面，可以震慑下属，使其令行禁止；"柔"的一面则可以拉近与下属的距离，令下属如遇知音一般亲近。刚柔相济，管理自然高效和谐。

那么，该怎么塑造和锤炼领导的魅力呢？

形象得体以悦人。

首因效应无处不在。下属观察领导，群众相看干部，总是从观察形象开始。如果领导办事邋遢、口出恶语、行为粗鄙，那么领导的魅力就大打折扣。罗伯特·舒克在《赢家形象》一书中说："赢家形象开始于良好的自我形象，没有自我形象或自我形象不佳，领导者的其他优点就会被削弱。"因此，领导应该树立这样一种形象：具有积极、正面、良好的道德品质，并且人前人后言行一致，从始至终一如最初。

情感真挚以动人。

以权威压人来管理早已跟不上潮流。领导者本身因为有权力而与下属形成一道屏障，若是再加以疏远，那么领导和下属之间只会更加不理解，关系更加不和谐。本来领导的魅力是影响下属的感召力、吸引力，借助领导和下属之间的感情沟通进行传递。所以，只有拥有爱下属，真心真意关怀下属的心，多点人情味，才更助于塑造领导个人独特的、感人的魅力。

睿智聪慧以赢人。

管理工作需要智慧，不仅关乎智商，还关乎情商。因为在领导工作的过程中，经常会遭遇一些冷场、刁难、尴尬的情况。如果领导情商不足，面对僵局时，大惊失色或手足无措都会大大损伤领导的形象和魅力。睿智的领导应该是理性的、应变能力强和有韬略的。

品德高尚以服人。

无论何时，品德都是评价一个领导魅力大小的重要标准。一个领导应该有正确的世界观、人生观和价值观。如果一个领导有管理技巧，总给人好的形象，但却缺乏责任感，则绝对无法获得员工的认同。彼得·德鲁克说得好，管理无所谓权力，管理只有责任。一个敢于担负责任，能做好奖惩的领导，其负责和公允会为他赢得民心。

如果你正在烦恼如何管理怪才，如何凝聚团队，如何征服对手，那么请翻开本书。在这本书中，你将找到下列具体问题的答案。

如何营造超强气场，瞬间吸引他人注意；

如何以亲和力拉近与下属的感情；

如何摸清他人的思想，与之交流沟通；

如何协调各方的关系，化解争端矛盾；

如何冷静应对尴尬情景，灵活打破交际僵局；

如何在谈判桌上求同存异，促成合作；

如何拓展自己的社交圈，让朋友为你的身价增值。

……

本书以卓越领导魅力修炼为主题，不仅找到了塑造超凡魅力的七大关键点，还引用大量真实的故事供读者借鉴。对于一些重点问题，编者还详细讲解了增强魅力的技巧。相信这些内容一定能帮助领导干部有的放矢地提升领导魅力，与下属、谈判对手建立和谐的管理与合作关系，最终实现带好团队、赢得客户的目的，为你的事业成功打下坚实基础。

目 录
Contents

1

第一章
风度翩翩，气场是领导的最佳名片

书的内容好，人们就会争相阅读；人有魅力，大家就会纷纷与之结交。要想做一个有魅力的领导，就要打造超强的气场。如果领导能从衣着、口才、学识、修养等方面全力打造自己，提升自己的吸引力，那你就会有迷人的魅力和强大的气场。

1. 抓住首因效应，营造良好的第一印象

一般来说，我们总认为第一印象是在第一次见面的过程中给对方留下的印象，然而实际上却并非如此。行为学家认为，所谓的第一印象，是指双方在最初见面的七秒钟内给对方留下的印象。我们千万不要小看了这短短的七秒，它虽然短暂，但对事情的结果却可能有着非常重要的影响，甚至决定着事情的成败，因此也被人们称为"首因效应"。

如果领导给他人的第一印象是机智、稳重的，下次见面时，即使你与他人发生冲突，对方联想到第一次的印象，也会认为你是一个对工作负责任的领导。相反，如果领导给他人留下的第一印象是邋遢、做事散漫的，第二次见面后即使相处得不错，对方也可能会觉得你是没有上进心、不负责任的。所以说，营造良好的第一印象是非常重要的。

秦朝末期，项羽摆下了鸿门宴请刘邦赴约。在宴会上暗藏着杀机，亚父范增一直都主张杀掉刘邦，以此永绝后患。在酒宴举行的过程中，范增好几次示意项羽发令杀掉刘邦，项羽因犹豫不决而迟迟不肯发令。

于是，范增便召项庄舞剑，表面上是为酒宴助兴，实际上却是想借此机会杀掉刘邦。在项庄舞剑期间，项伯为了保护刘邦也拔出自己

的佩剑舞了起来，暗中掩护着刘邦。就在危急时刻，刘邦手下的樊哙一手持剑，一手拿着盾牌闯了进来。把守的士兵纷纷前来阻挡，但都被樊哙撞得东倒西歪。

帐中的项羽看到一个壮汉虎背熊腰，发指眦裂地闯了进来，非常吃惊，便问道："这位是何人？"张良连忙答道："这位是给沛公驾车的樊哙。"

项羽生平最喜欢壮士，看到樊哙很开心，赞叹说："好一个威武的壮士！"接着便命令随从赏了樊哙一杯酒和一个蹄膀，樊哙拿到这些后，当场用剑切蹄膀，就着酒三下五除二地将其吃完了。项羽看到樊哙这样豪爽，继续问道："壮士还能继续喝酒吗？"

樊哙看都没看项羽一眼，答道："死都不怕，我还会怕几杯酒？当年秦王苛政如虎，还曾杀人如麻，到了天怒人怨的地步，逼得天下人造反。怀王曾有约在先，谁先进了咸阳，就会封他做关中王，可是沛公先入关，却没有做王，而是将国库和宫殿都封锁起来，驻军在灞上，专门等待将军您来。像沛公这样劳苦功高的人，将军不仅没有给予赏赐，反而还听信谗言，欲害而杀之，这样将军和秦王有什么区别呢？"

樊哙的这一系话让项羽无言以对，刘邦趁机逃走，摆脱了一场生死攸关的危机。

樊哙不过是个微不足道的车夫，为何能够博得霸王项羽的青睐呢？关键是项羽对樊哙的第一印象特别好，能够听进去樊哙说的话，让刘邦有机可逃也在情理之中。

人的第一印象往往会在对方的头脑中扎根。身为公司的领导，若是在第一次交往的过程中给下属、客户留下了好印象，那下属就愿意听从你的指挥，客户就愿意和你谈生意。相反，倘若你给别人留下了一个坏印象，那不仅在工作中很难服众，而且还会损失一些客户源。因此，领导更应该注意第一次与人交往的表情、衣着、行为等，以免让人觉得自己是个"混混"。

某报刊曾刊登过这样一篇报道，题目是《一口痰"吐掉"合作项目》。某医疗器械厂与美国客户达成了引进"大输液管"生产线的协议，只需要第二天签字就可以了。可是，当厂长陪着外商参观车间时，随口向墙角吐了一口痰，然后用鞋底擦了擦。这一幕让外商彻夜未眠，他让自己的手下给厂长送去了一封信："恕我直言，一个厂长的卫生习惯恰恰反映了一个工厂的管理素质，何况，我们日后要生产的是用来治病的输液管。贵国常说：人命关天！请原谅我的不辞而别……"一个基本上已经谈成的项目，就被厂长的一口痰"吐掉"了。

日本早稻田大学教育学系教授东清和先生说过："用来形容对某人印象的基本词汇有五六十个，而形容第一印象的形容词则只有五六个，因为第一印象只能用极表面的词语来形容，诸如令人讨厌、有智慧、漂亮、温柔、有干劲等。"想要赢得他人五六句好评并不难，只要稍微努力就可以提升自己的形象，但提升形象不只是要让自己的衣着看起来得体，重要的是通过自己的举止表现出内涵。

另外，人事管理咨询专家尹索贝尔·杰恩森也曾说："就上班迟到的问题，我以前的一位老板曾给过我一个极好的建议——'如果你要迟到了，'他说，'无论是因为吵架，身体不适，还是仅仅因为睡过头了，千万别赶着去上班，要不然你走进议论纷纷的办公室时，脸上还挂着眼泪，身上则处处显示着你碰到了麻烦。既然迟到了，就索性迟到，花点时间打扮一下，让自己看上去神清气爽，这样会使你看起来有条不紊。而有条不紊的形象又会使你上班迟到的坏印象得到一定的弥补。所以，从这个意义上说，迟到一点点，不如迟到个透。'"

表面上看，尹索贝尔·杰恩森这句话是在帮助人们解决迟到问题而献出的计策，实际上这句话也道出了在职场中形象的重要性。试想：领导若在家中与爱人吵架了，哭丧着脸或是衣着邋遢地来到公司，员工会怎样看待你呢？在这种情况下，下达命令恐怕很少会有人服从。

如何给对方留下好的第一印象呢？对于这个问题，领导者可以从以下几个方面入手。

1. 善于发挥自己的长处

领导若是能够发挥出自己的长处，让他人看到自己的优点，而且其他人又比不上你，那你说的话他们一定听！所以，初次见面时，领导应该充满自信，尽可能地发挥自己的长处。

2. 能够适应不同的场合

对于领导而言，职场并不是指特定的公司，也不是指自己固定管理的下属，领导的"职场"可能是自己办公的公司，也可能是与客户交流的宴会、酒席中。为此，若是想给他人留下一个好的印象，就应该能够适应不同的场合。

例如，在公司的会议上、与客户聊天的谈判桌上、解决顾客问题的现场上……如果能够适应得了各种场合，那你绝对会给他人留下一个好的印象。

3. 放松自己的心情

交际的过程中，要让他人感到轻松自在，首先自己应表现得轻松些。在职场中，领导这个身份，很多时候会给人一种压抑感，若是你总板着脸，那难免会给对方留下不近人情的印象。所以，无论遇到了多么严重的事情，领导都应该尽量将其看淡，最好不要让自己的坏情绪转移给他人。

【修炼箴言】
首因效应影响着一位领导的气场。如果想留下有魅力的第一印象，领导应该控制自己的衣着、言谈、表情及动作。

2. 装扮得体，突出领导的卓越气质

从古至今，衣着不仅是美的展示，体现的还是社会文化、个人的修养以及审美情趣，是人们身份、气质、素质的无言"介绍信"。对领导而言，得体整洁的衣着，反映的不止是自己的修养和素质，在一定程度上还代表着组织的精神风貌、管理水平和企业的文化追求。

加拿大一位形象设计师凯伦女士曾说过："穿着成功不一定保证你成功，但不成功的穿着保证会令你失败！"周恩来总理的穿着曾为后人树立了一个得体、潇洒的典范。无论是在什么情况下，他都会穿得整洁合体，并将此视为做人的一条准则。领导应该时刻注意自己的衣着打扮，以便更好地突出自己的气质和身份。总体来讲，领导穿衣时应谨记六个字：合体、合适、合意。

1. 衣着合体

衣着合体，指的是领导穿衣服的款式、色彩要与自己的体形、肤色相协调，并能根据自身的体型特点做到扬长避短。衣着合体的基本准则是"统一、协调、变化"。

身材较瘦的领导，就不应该穿直条纹的服装，这样会让自己看起来更加单薄；身材偏胖的领导，则不能穿横条纹的服装，这样只能使人显得更加矮胖。另外，身材瘦长、颈部较纽、长脸形的领导，也不适合穿浅色、高领或圆领的服装；身材矮胖、颈部较短、圆脸型的领导，穿深色低"V"字形或"U"形领套装最好，浅色高领的服装就不要考虑了。

此外，在搭配颜色时，也应根据自己的肤色、年龄、体形选择颜色。最简单的穿衣配色有三种方式：第一，全身穿同一颜色的服装，用一些简单的饰物来装饰；第二，利用同色系的单品来搭配，尽量选择那些深浅、明暗度不同的颜色来搭配，这样整体效果会显得更加协调；第三，穿衣时全身最好不要超过三个颜色，而且最好以一种颜色为主色，因为颜色太多会显得乱而无序。

在穿衣搭配颜色时，最好以灰、黑、白三色搭配为主，因为这三种颜色和任何颜色搭配起来效果都会很好。年轻的领导穿上深下浅的服装，显得活泼、飘逸、富有朝气；中年领导采用上浅下深的搭配攻略，会给他人一种稳重、沉着的感觉。当然了，同一套西装，也可以通过不同款式的衬衣来搭配，这样也会表现出与众不同的风格，用最简单的方式将自己的气质发挥到极致，这本身就是一种魅力所在。

作为世界政坛上最耀眼的"铁娘子"之一，美国前国务卿赖斯的穿着最让人羡慕。在赖斯的办公室里放着两面镜子，这样可以方便她从不同的角度审视自己的着装。不管在什么场合，赖斯的着装都能让人感到眼前一亮。

在与中国人会晤时，赖斯穿的是浅米色镶黑边的外套；而在日本、韩国、阿富汗访问时，她穿的是一身黑装佩戴着白色耳环和白色的珍珠项链；在巴基斯坦和印度亮相时，赖斯穿着白色浅条纹的套裙，佩戴着白色耳环和项链。赖斯堪称是"衣着合体"最好的代言人。因此，赖斯也被评为"最会穿衣的女性"，被公认为"美国政坛黑珍珠"。

2. 衣着合适

衣着合适，指的是领导在饰物佩戴以及常用的装饰品使用方面时要适合自己的身份。安德鲁·卡弗里克在《成功与衣着》一书中说："衣着适合领导特定的职业和身份，就会促进他的成功；反之，就会有损领导的形象，从而不利于领导气质的培养。"

美国总统罗斯福年轻时，经常是一身花花公子的装扮，给人留下的印象就是玩世不恭的富家子弟。但是，在 1910 年，他为了能够成功竞选州参议员，便改掉了自己以往的那种装束，而是以一种朴素、勤劳的形象出现在选民面前。

为了能够得到更多的支持，罗斯福还常常驾着一辆破旧不堪的车，在各个小镇上奔波。为此，他每次回来身上都是脏兮兮的。有一次，他的车子在半路坏了，他就步行走了两百多里，访遍了各个村庄和店铺，走访了每户居民。从此，罗斯福的形象在人民中有所改变，在竞选中获得了成功。

一般来说，领导穿款式简单、面料质地讲究的服饰，能够显示出自己沉着、干练、大度的气质；而款式有设计感，面料质地上乘的服饰，则能显现出领导的洒脱和朝气。为此，年长的领导在选择衣服款式和配饰时，应选择款式简单而面料质地讲究的，尽量不要使用款式很新潮的饰物。

饰物通常是指领带、围巾、胸针、首饰、提包、手套……这些饰物主要在着装中起着画龙点睛、协调整体效果的作用。佩戴首饰时，女性领导应少而不是多，佩戴得太多反而会给人一种庸俗的感觉，尤其是金银首饰。同样，男性领导在选用饰物时，也应忌多选少，一条精美的领带、一款优雅的手表足矣，在某些特定的场合中，再往西服的胸前口袋里配上一块真丝手帕就可以了。

鞋袜在整体的着装中也非常重要，搭配不好会给人一种"站不住"的感觉。领导若是身穿便装，什么类型的鞋都可以搭配。但若是穿西服或是非常正式的套装，那就一定要穿皮鞋。男士应选择黑色、深咖啡色或深棕色的皮鞋，黑色的皮鞋则适用于各种场合、搭配各种服饰。在正式的场合中，男士的袜子应该是深色且色彩单一的袜子，黑色、蓝色、灰色都是很好的选择。女士在选穿皮鞋时，应以黑色、白色、棕色或者是和衣服一样颜色的为宜。总之，选穿服饰最好遵循"和谐美"的原则。

3. 衣着合意

衣着合意，指的是领导能够在穿着得体的基础上穿出自己的风格。撒切尔夫人、奥尔布赖特以及英国女王的衣着可谓是最具代表性的。虽然她们被人称为铁腕女人，但她们的穿着还是非常女性化的。通常情况下，她们会在胸前或是帽檐上佩戴一支花，有时也佩戴亮晶晶的首饰，这一点就使得她们与男性官员有所区别。这样的着装不仅高贵，同时还能凸显出她们的权威性。

另外，衣着合意也指领导的穿着应符合当时的意境以及活动的目的。如果领导参加一些喜庆的宴会，那服饰则可以选择一些明亮、艳丽的衣服；如果是在度假，那衣着则可随意些；工作的时候，则应遵循整洁、稳重、美观、和谐的穿衣原则；在正式的场合中，领导所穿的衣服应以庄重大方为主。

郭沫若曾说："衣裳是文化的表征，衣裳是思想的形象。"身为组织中的领导，若想拥有超强气场，就应该从细微处着手，穿着既要大方优雅、整洁得体，又要突出自己的气质，这样才能提升自己的气场。

【修炼箴言】

穿着是一张无言的"介绍信"。穿着得体了，则可为领导的气场增光，否则，必会损害领导的形象，减弱领导的气场和魅力。因此，领导的穿着一定要符合合体、合适、合意的原则，穿戴符合领导的身份。

3. 领导的一举一动，均是其内心自我的反映

举止，是人们在生活、行为中的一种自我修养的体现，反映的是一个人的内涵。在与人交际的过程中，没有优雅的举止，则不可能具备优雅的风度。对于领导来说，优雅的举止、高雅的谈吐能给他人留下良好且深刻的印象。

国际足联主席布拉特，身为国际体坛的领袖之一，常常成为媒体和众人关注的焦点。所以，他十分注重形象，一言一行都很谨慎。

通常，布拉特进入体育场后都会被严密地保护，有拿着对讲机的安保人员为其开路。一次，在球场通道，布拉特的安保一行在球场通道时，遇到了一位脚步匆匆的女士。通道比较窄，布拉特没有秉持什么领导先走的原则，而是以十足的绅士风度礼貌地请那位女士先过。

布拉特一旦在驻地露面，粉丝们总要签名合影，每次都要折腾至少 10 分钟。但布拉特总是尽量保持温文尔雅的形象。某次世界杯德意半决赛前，满足了球迷的合影要求后，布拉特的衬衣已经湿透且变得非常皱。他没有这样进场，而是先回房换了一件干净的衬衣才动身。

布拉特不会信口胡言，他说话非常谨慎有礼。一次他刚从欧洲杯官方酒店走出来，一个记者高声喊："你和反对你的普拉蒂尼关系怎样？"布拉特没有立即回答记者的提问，而是停下脚步，审查采访者

的身份，然后，他才笑着说："我们的关系很好，你看，他为我安排得很好。"记者又问布拉特是否会把职位交给普拉蒂尼，布拉特幽默地答道："我告诉你只有一个你才知道的答案——竞选结束后，你就知道了。"

有"礼"走遍天下，无"礼"寸步难行。一个人的举止直接影响他受欢迎的程度，所以得体的举止对于领导来说是非常重要的。从某种意义上来说，举止是种无声的语言，它所产生的影响绝不会逊于口头语言所发挥的作用。

古代时，人们对举止就有"站如松、坐如钟、行如风"的要求。优雅的举止可以使领导显得有风度、有修养，反之，则会显得领导失礼，甚至是粗俗。那么，怎样的举止才算优雅呢？领导不妨从以下几点做起。

1. 点头。这是一种常见而又实用的礼貌举止，常常用于和对方打招呼时使用。用点头的方式来打招呼，领导应两眼看着对方，面露微笑，等对方有所表示后再结束这个动作。当然，这个动作也适合在较大的迎送场合使用，当迎送者比较多或是距离较远时，也可以用点头表示敬意，这样显得大方而不失礼节。

2. 举手。在公众场合中，若是与对方离得较远或是时间非常仓促，举手式打招呼也是一种不错的选择。由于条件的限制，领导有时无法与对方交谈、施礼，基于这种情况，用举手打招呼的方式是最合适不过的了。这样不仅可以表示认出了对方，还能表达出对他的敬意。

3. 起立。在很多正式的场合中，领导们都需要站起来。例如，公司最大的领导在场时，在开会前都会说几句话，这时各个中层领导则需要站立，表示对领导的尊敬；若是领导在餐厅或是咖啡馆中坐等客户时，客户到来时领导也要站起来，这样才显得有礼貌；如果和长辈或是年长者一起吃饭，当他们就座时，领导也应该站起来，这样才显得为人谦逊……

4. 鼓掌。在公众场合下，鼓掌似乎已经成为一个最常见的举止，通常表示对他人的赞同和表扬。实际上，在一些正式的社交场合中，重量级人物出现时，或是有人演讲完毕以及表演结束时，人们都应该鼓掌表示祝贺，尤其是领导们。鼓掌应该发出声音，不出声的鼓掌容易让人看出破绽，反而使事情适得其反。

规范的举止并非是哪一个人规定出来的，而是经过太多人的实践而得到认可的。为此，若领导的举止不够得体，也照样会被他人看在眼里，而当身边的每一个人都觉得你是个没礼貌、没家教的人时，你在别人心目中的形象就可想而知了。一个没有良好形象的领导，要想获得他人的拥戴，那就无异于天方夜谭了。

【修炼箴言】

一举一动经常会决定领导当前的状态。即使是否抱胸这样一个小动作，都可能会极大地影响你的气场。因此，不要像猫一样慵懒，快走时，领导的步伐要铿锵有力，慢走时也切勿拖拖拉拉。

4. 心态是内功，塑造领导的积极气场

在《正能量》一书中，林正刚曾这样写道："我从武学中领悟了不少管理的道理，例如，招数是外在的行为，功力却来自内心，是心态。早期看了很多讲管理理念的书，满脑子都是管理招数，但能用上的其实不多，所以合适的管理理念加上'执行'才是最有效的管理之道。学管理首先要学好正确的管理行为，慢慢地通过这些行为培养出正确的管理心态，之后管理行为就可以达到'无招胜有招'的境界了。"

在心理学上，心态是心理态度的简称，指的是人们的意识、动机、情感、气质、兴趣等众多心理状态中的一项。由此可以看出，在影响人生成败的诸多因素中，心态就是起决定作用的那一个。从严格意义上来讲，心态决定了人的言谈、举止、行为、办事的能力以及社交能力。

英国作家狄更斯说过："一个健全的心态，比一百种智慧都更有力量。"这也告诉我们，心态对于任何人来说都是很重要的，一个人有什么样的心态，就会有什么样的人生。而积极良好的心态，则是领导成功的法宝。那怎样的心态才算良好积极的心态呢？职业经理人给出了以下五点建议。

一、正确的权力心态

对于掌握了公司一定权力的领导来说，正确的权力心态是非常重

要的。权力心态与权力的获得、行使、发展等密切相关，重要的是它还会影响到领导的情绪、性格、意志等。为此，领导是否能够真正拥有一个正确的权利心态，直接影响了自己日后的发展。

正确的权利心态，指的是领导在职位上能够做到淡泊名利，不患得患失。在实际工作中遇到困难时，能够正确地使用自己手中的权力，和员工一起直面困境。然而，在现实社会中，还有不少领导对于自己的权力没有一个正确的心态，他们或许是受官本位思想的影响，觉得当官能光宗耀祖、有利可图才好。于是，他们费尽心思做了官后，便开始巧取豪夺，挖空心思让自己富起来。

满脑子都是权、钱，而将自己的信念和做人的宗旨忘得一干二净，有这样心态的领导必定会失败。

二、谦虚、积极向上的空杯心态

在心理学中，"空杯心态"来源于这样一个故事。

古时候，有位学者拜访德高望重的老禅师。寺庙里的和尚接待他时，他表现得非常傲慢，后来老禅师亲自接待了他，并为他沏了一杯茶，可是杯子里的茶水明明已经满了，但老禅师还是不停地往里边倒水。

学者有些不解，问道："大师，杯里的水明明已经满了，为何您还要继续倒水呢？"老禅师回答说："是啊，既然已经满了，我为什么还要倒呢？"

学者听到老禅师这句话顿时明白了，我原来是求教的，应该将自己想象成一个空着的杯子，这样才能装更多的东西，而不是应该如此骄傲自满。

在信息时代里，领导始终都面对着复杂多变的因素，这就要求领导能够跟得上时代的步伐，拥有开阔的思路、灵活的头脑以及远见卓识的战略眼光。领导的工作具有全局性、综合性、战略性和复杂性。即使你已经学富五车，拥有无人能敌的管理经验，依然需要不断地虚心学习。

奥文·佛勒说："在这个伟大的时代，文盲不是不能读和写的人，而是不能学、无法抛弃陋习和不愿重新再学习的人。"领导若是一味地故步自封，那只能让自己在同行中失去竞争力。

三、健康的知足心态

贪婪容易使人失去理智，尤其是身居高位的人。现实生活中，很多人都因贪婪而不能常乐，甚至葬送了自己的一生。作为公司的领导，在工作中应始终保持一份知足心态，才能克服人性中的弱点，让自己顺利地发展下去。

有些领导因对富裕没有一个正确的认识，滋长了一种非常可怕的攀比心理，总觉得自己得到的太少了。于是，不少领导开始利用自己手中的权力贪污、受贿……其实，我们每天从网上、电视上都可以看到相关的报道，从他们身上，我们可以看到贪婪的危害，也明白一味地沉醉于纸醉金迷的物质生活中，到头来可能是竹篮打水一场空。因此，越是身处高位的领导，越应该有份健康的知足心态。

四、冷静的归零心态

归零心态，顾名思义就是将自己的心灵清零、一切回归到什么都没有的心态。在心理学上，归零心态是一种积极主动的自我剥离。

美国第一任总统华盛顿，在 27 岁时被选为议员，中年时被委以重任。在美国独立战争结束后，华盛顿从此解甲归田。而在八年之后，美国成立了中央政府，年近六十的华盛顿当选为美国第一任总统。

担任了两届总统后，华盛顿当众发表了辞职信，以平民的身份回到农庄。没过多久，战争就开始了，华盛顿又被请出统率全军。

华盛顿这一生，依靠自学，经过百般磨砺，最终获得了"美国之父"的美称。他逝世时，国会发表的哀悼词中曾称赞他为：战争时期、和平时期，同胞心中的第一人。

想要成为一名成功的领导，不管是对待自己以往的功绩还是错误，都应该以一种冷静的归零心态来面对。这样不仅能够避免自己骄傲自满，还能使自己放下心中的包袱，轻松地面对日后的风风雨雨。

五、真诚的服务心态

作为一名领导，最大的成功就是能够为事业、为员工服务。有位教育家曾说："敏于事且乐于为别人服务的态度，应当尽快地在国人身上培养起来。"能够为他人服务，说明你有存在的价值。

心态属于内功，需要慢慢修炼，才能看出效果。一份好的心态，必然会使你浑身充满正能量，从而能够吸引更多的人与你交往。

【修炼箴言】

领导的风度不是故作姿态，也不是虚伪的技巧，而是一种心态，如正确的权力心态、谦虚的空杯心态、真诚服务的心态。用心态修内功，是塑造领导气场的关键，好心态能带来积极的气场和充沛的正能量。

5. 任何时候都不自卑，自信的人更有气势

苏格拉底在弥留之际，想要再点化和考验一下自己的助手。他将助手叫到跟前说："我死后需要有位优秀的传承者，他不仅需要有高超的智慧，还要有充分的自信和勇气，不过这样的人我目前还没有碰到，你要帮我去寻找这样一位人才。"

忠诚的助手听后，便开始了他的寻找人才之旅。但是，他带回来的一位又一位人才都被苏格拉底否定了。六个月后，苏格拉底快要离开人世了，他想要的传承者还未找到，助手非常沮丧，哭着说："我辜负了您的托付，失职了！"

"失望的是我，而对不起的却是你自己。"苏格拉底用最后一丝力气说："其实，最优秀的就是你自己，可是你却不敢相信自己，才将自己忽略了，也把自己耽误了……实际上，每个人都是最优秀的，差别就在是否能够认识、发掘自己……"话还没说完，一代哲人就这样离开了这个世界。

Google 中国区前总裁李开复和真维斯董事长杨勋在上海举行讲座，在谈到成功的经验时，他们都曾说过：自信是企业成功的首要因素。李开复告诉记者，和年轻人相处时，让他印象最深刻的就是在和他们学习、工作以及生活时能够表现出非凡的能力，这并不是 1∶1 的关系，而是特别乐观、自信的人，总能使自己身体内的潜能最高水平地

发挥、释放出来。这也就是说，自信是个人潜能的"放大镜"。

什么是自信？古罗马哲学家西塞罗曾说过："自信是心中抱着坚定的希望和信念走向伟大荣誉之路的感情。"的确，自信是领导脸上的阳光，是成大事最好的护航武器，它与出身、地位、背景、金钱等毫无关系，它只是你对生活的一种态度，对自己的一种肯定。

拿破仑就宣称："在我的字典里没有不可能这个字眼。"正是这种自信，才激发出拿破仑超强的智慧和能力，使他终成横扫欧洲的统帅和名将。所以，领导在任何时候都不能自卑，有自信的领导更有气势。

美国通用电气公司前首席执行官杰克·韦尔奇从小就患有口吃症，说话时因为口齿不清，闹出了不少笑话。对此，他的母亲经常说："这是因为你太聪明了，没有人的舌头能够跟得上你聪明的脑袋。"

在母亲的激励下，韦尔奇从小到大从未对自己的口吃自卑过，他打从心底里就相信母亲的那句话。在日后的工作中，口吃的毛病并没有阻碍韦尔奇的发展。而且当很多人注意到他的这个弱点后，都被他的自信所折服了。因为他竟能克服这个缺陷，在商业中做到最好。

韦尔奇凭着这种自信，在通用电气公司担任首席执行官的 20 年中，显示了他卓越的领导才能。美国全国广播公司新闻部总裁迈克尔非常欣赏韦尔奇，他还曾开玩笑说："杰克真有力量，真的很不错，我恨不得自己也口吃。"

由于韦尔奇突出的表现，他很快就被人们誉为"全球第一 CEO"。他自己也曾这样说过："所有的管理都是围绕'自信'展开的。"

领导永远都不要自卑，因为一个不"信"任自己"心"灵力量的人，是无法让人信服的。只有自信融汇到自己的思想里，激发出更多的潜能，才能实现自己职业的成功，成为一名合格的管理者，成为最受员工欢迎的领导。

那么，怎么做才算是一位自信的领导呢？

1. 巧用镜子效应

很多出名的演说家、演员、政治家都曾用镜子来增强自己的自信。温斯顿·丘吉尔演讲前，习惯站在镜子前面正视自己几分钟。

所谓"镜子效应"是这样的：在遇到需要发言的情况下，在准备时，反复对自己说：你是最棒的，你一定会获得大家的认可。聚精会神、信心十足地在看着镜子中的自己，你会发现精神得到了最大限度的振奋。

2. 利用自信蔓延效应

你可以在一张 A4 纸上写出几个自己的优点，不管是哪个方面的，然后在参加各种活动时，都要想到这些优点，这样可以帮助你提升办事时的自信。这就是"自信蔓延效应"。这种效应对于领导提高自信效果是非常好的。

3. 加快走路的步伐

心理学家认为：懒散的姿势、缓慢的步伐往往是"我并不相信自己"，或者是对自己、对工作和他人有着不愉快的感受。而那些走路很快的人，仿佛在告诉全世界：我要到一个非常重要的地方去，去那里做一件很重要的事情，而且我一定能够将这件事做好。

借着加快走路的速度，可以在无形中改变自己的心理状态，你会觉得自己越来越有自信了，这就是提高自信的脚步加快法。重要的是，走路快的领导，还容易给下属和客户留下雷厉风行的好印象。

4. 不与他人比较的态度

金庸先生在《倚天屠龙记》里曾写道《九阴真经》的修炼口诀，为"他强由他强，清风拂山冈；他横由他横，明月照大江。他自狠来他自恶，我自一口真气足。"其实，这何尝不是一种自信自若呢？最好的自信应该是平和而有力的，静止的时候像座山一样，而且并不与其他的山峰比较高低。领导也应如此，只关注自己，而不与他人比较。

5. 精心修炼自己的"内功"

有些领导缺乏自信，除了自卑外，也与自身的"内功"不够深厚有关，也就是说，领导的知识储备、实践能力还有待提高。领导应该努力充实自己，提高自己的知识和能力。常言道："艺高人胆大"，有"艺"在身，领导自然而然就会变得自信起来。

有了足够的自信，就意味着领导手中有了坚实的渔网，有渔网就不用担心捕不到鱼。

【修炼箴言】

自信是每一位领导都应具备的素质。如果你对着镜子说："今天我很能干"，那你就会觉得自己特别能干。相反，你可能会觉得今天很糟。正如美国心灵大师皮克·菲尔所说的，自信对于气场的作用简直是惊人的，领导应该多多践行那些提升自信的技巧，如自我鼓励等。

6. 平息他人的气场，秀出最好的自己

气场是一个比气质更强大的词语。气场是什么？我们经常会听到员工说："那个领导的气场太弱了，输给了我们的总经理。"这并不是空穴来风，你、我、他每个人都会有自己的气场。气场这个东西说起来很玄妙，美国心灵励志大师皮克·菲尔在《气场》一书中这样阐述道："气场这个词总是让人困惑。正如他们在生活中遇到的许多麻烦一样，很难找到根本的解释。气场是吸引力，使得人们总是被你吸引，不论你是好人还是坏人，都受人关注……每个人都有独特的气场，无论它带来的是好运，还是让人讨厌的坏运气。"

在心理学上，气场是指一个人的性格、言行举止所形成的个人魅力。职场中，在与人交际的过程中，每个领导都可能会遇到比自己气场强大的人，这也许是在相识的那一瞬间，也许是在对方一个不经意的提问间，由于某种原因你便输给了对方。在气场强大的人面前，领导可能会感到不安，对自己的行为感到极度不自信……若是以这种心态与客户、下属相处，领导势必会输掉原本属于自己的领导气势，最直接的后果便是无法服众。

中世纪，意大利有位企业家叫塔尔达莫亚，在意大利商界享有"不可战胜"的荣誉。他经过自己的奋斗，将自己的一家食品公司推

向了全世界。

有一次，他和美国的一位投资者洽谈合作事宜。初次见面时，塔尔达莫亚就被美国投资者的强大气场打败了，在接下来几十分钟的谈话里，塔尔达莫亚就像小学生逃课被老师抓住一样过得胆战心惊。

回到公司后，塔尔达莫亚开始不断地反省自己，觉得自己与美国投资者说话时就没一句说对过，并且还暴露了自己和公司的很多缺点。经过三个小时的反思后，塔尔达莫亚觉得自己非常差劲，同时也感觉自己的员工都很逊色。为此，在很长一段时间内，塔尔达莫亚都很自卑，这种自卑似乎是从骨子里发出来的，他从此不敢在员工面前大声说话，也不敢和员工打招呼。

由于塔尔达莫亚表现得非常不自信，美国投资者决定放弃对他的公司进行投资，这个打击让塔尔达莫亚变得更加忧郁。几年后，塔尔达莫亚所创建的食品帝国就慢慢地萎缩，甚至消失了。

俗话说："林子大了什么鸟都有。"遇到比自己气场强大的人是常有的事情，若每次都像塔尔达莫亚这样，那就只能成为一个失败的领导。在职场中，想要成为一个成功的领导，就应该具备平息他人气场，秀出最好的自己的勇气和智谋。该怎样平息他人的强大气场呢？下面几种方法也许能帮到你。

1. 运用暗示让自己的心理变得强大

领导在面对比自己气场强大的对手时，应该在心中暗暗告诉自己："镇定，对方没有什么了不起的。只要我有实力，就不会受到对方的影响。"有时候，我们还可以开解一下自己，暗示自己在某方面超越了对方。

总之，在面对气场强大的人时，要想办法让自己镇定自如，从容地面对对方。

2. 试着从对方的身上找出缺点

"金无足赤，人无完人。"遇到气场比自己强大的人时，你可以试着从对方身上找些缺点出来，比如其貌不扬、身材矮小、经验不足……用自己的优点与对方的缺点相比，你会发现自己也有强于对方的一面。这样的精神胜利法，能够让你快速地找回自信。

3. 学习对方的优点

将全部的精力都放在学习别人的优点上，也就没有办法再自怨自艾了。更重要的是，领导通过学习可以缩短自己与对方的差距，这不仅能够提升领导的魅力，还能从根源上找回自己的自信。

平息了对方的气场后，还要秀出最好的自己。常言道"火车不是推的，泰山不是堆的，牛皮不是吹的。"同样的，要秀出最好的自己也不止是简单地说说就可以了，更不是摆架子就行的。只有在细节上做出改变，才能慢慢凝聚出自己的气场，秀出最好的自己。领导可以从下面几点做起。

（1）眼光要有神

领导的双眼若没有神采，再加上黑眼圈，即使你的语气和其他动作再强势，也会给人留下无精打采的印象。所以，在与他人交谈时，领导应该尽量让自己的双眼顾盼有神，这是秀出最好的自己的第一步。

（2）　无所谓的态度并非适用于任何场合

对事能够抱有无所谓的态度可以减去不少麻烦，但要适度。对任何事情都抱有无所谓的态度，那只会给他人留下吊儿郎当的印象，也不利于秀出最好的自己。为此，领导对生活、对事业都应该有点追求，例如，追求平静的生活，无论身处何种热闹的聚会，都会给人一种宁静的气场；追求更成功的事业，走到哪里都会显出一种霸道的气场。

追求不同，表现出来的气场也不同。无论领导追求的是怎样的生活和事业，都会使身边的人不自觉地迎合你强大的气场。

（3）　姿态从容

浮躁是当今社会的一大流行病。浮躁的领导少了耐心，多了急躁；少了镇定，多了盲目；少了踏实肯干，多了急于求成，这样的领导所形成的气场自然是不沉稳的。

20 年前，著名作家贾平凹先生通过《浮躁》一书，指出了现代人浮躁的原因，即主体意识的高昂和自身素质的低下之间的矛盾。因此，领导应该不断充实自己，并提升素质和修养。腹有诗书气自华，同样的道理，素质高的领导自然能表现出从容、沉稳的气场。

注意，强大的气场并不是一朝一夕可炼成的。所以，领导要持之以恒地提升自己，不断修炼。

【修炼箴言】

领导时常需要展示自己，唯有内心深处变得强大，再辅以外在的修饰，才能以魅力吸引下属、征服对手。

7. 修炼个人魅力，扩大自己的影响力

某文化公司的杨经理近段时间很不开心，每次他和一个年长的男下属一起出去和客户谈事情，初次见面的客户都会对这位男下属分外热情，而对他却冷若冰霜。为此，杨经理闷闷不乐了很长一段时间，恨不得每次出去都带着自己的工作牌。

公司聚餐时，为了方便聊天，陆峰预定了几张圆形的转桌。清楚商务礼仪的人都知道，领导是应该坐在桌子的正中央的。宴会开始时，陆峰准备坐在中间位置时，大家却招呼人事部主管坐在那里，那顿饭吃得陆峰心里非常不舒服……

为何在很多场合中，有的领导自然被大家当成是中心，而有些领导却在自己的下属面前输了气势呢？为什么大家会认为有些人有魅力，而有些人却没有呢？例如，玛丽莲·梦露是个不论出现在哪里都会吸引人注意的女人，只要有她出场，她的身上所散发出来的光环就会使其他的人瞬间黯然失色，人们都会将自己的目光停留在她身上，并会情不自禁地走过去与她交谈。

再例如，曹操在接见匈奴使者时，觉得自己的相貌不够好，便让身边的崔季珪代替他，他自己则站在旁边假扮随从。事后曹操派间谍去问使者："魏王这人怎么样？"使者笑着回答说："魏王自是无人可比，但他身边的那个随从才算得上真正的英雄。"

这究竟是为什么呢？这就是个人的魅力所在。在喧嚣的公司聚会中，在匆忙烦乱的工作中，有的领导一举手、一投足都会显得与众不同，特别惹人注目，常常会给人一种"鹤立鸡群"的感觉，即使不表明自己领导的身份，别人也会被他的这种魅力所征服。这就是领导的气场造成的，无形中使领导具有了强大的吸引力和影响力。

一个具有个人魅力的领导，往往能通过自身的亲和力、凝聚力和感召力，获得员工的理解和支持，从而提升管理和领导的能力。

领导若想扩大自己的影响力，可以从以下几个方面来入手。

1. 人格魅力

现代管理学很明确地提出，人格魅力是领导个人魅力的集中体现。领导无论是处理"内政"，还是对外谈判时，都应该以"德"为上。"德"就是品德、品质，也就是领导的人格魅力，其中杰克·韦尔奇和松下幸之助便是典型的代表。

现实中，我们常受他人魅力的吸引，喜欢与那些激情四射、朝气蓬勃的人相处，他们总会给我们带来正能量；我们更容易相信那些谦虚随和、信守承诺的人，他们总会带给我们安全感；我们更欣赏那些大智若愚、大巧若拙的人，他们总能在点滴中告诉我们生活的哲理。

有激情、诚信、守拙……都是一个领导该具备的人格魅力，这些凝聚了一种无形的吸引力，使得员工和下属愿意追随他，而且在这种优势效应的作用下，会有越来越多的人愿意加入其中，从而形成一个浩浩荡荡的社交圈，想要成功自然不在话下。

2. 思想魅力

所罗门曾说："他的心怎样思量，他为人就是怎样的人。"从某种程度来说，思想的力量可以影响到一个人的作为。一个有个人魅力的领导、企业家，同时也应该是个思考者和思想家。

例如，华为集团任正非的"华为的冬天"与《华为基本法》；海尔张瑞敏的"吃休克鱼"、"海尔是海"、"斜坡球体理论"；联想集团柳传志的"鸡蛋论"、"拐弯论"等，都是他们思想的结晶。领导在不同的发展阶段，能够对企业的运作规律有着深刻的洞悉和精准的把握，无不闪烁着他们个人的魅力，并影响着他们的企业和相应的追随者。

3. 激情与理性的魅力

《杨澜访谈录》曾采访过马云，当杨澜说道："有人也说马云非常聪明"后，马云笑着说："我觉得我真的不聪明。我从小读书、各种小孩玩的技巧，我都不在行。别人把你当英雄，你可千万别把自己当英雄，否则麻烦就大了。英雄是别人说的，名气是别人给的，对吧?"

在 IT 界，马云绝对是个标志性的人物，在他的带领下，阿里巴巴连续 5 年被《福布斯》评为全球最佳 B2B 网站。眼下万人羡慕的马云在对自己的事业充满激情时，还一直保持着理性，这一点不能不让人佩服。

诚如复星总裁郭广昌所说的："商业中的理性，就是既要认清自己的目标，又要清楚自己所持有的资源，而只有具备了激情，才能克服一个又一个的困难，具备为一个宏大目标而奋斗的耐心。"理性与激情兼备，这更能凸显出领导的个人魅力。

【修炼箴言】

领导想要提高自己的个人魅力，就应该在品质与能力上多多努力。有了业绩，品行出众，自然会让身边的人高看你一眼，这才是个人魅力的重头戏。

第二章

待人亲和，鼓励欣赏能让员工同心协力

高高在上，或冷若冰霜，都是在自己与他人之间树立了一道墙，只会造成"与世隔绝"。一个领导的权威本就容易造成与员工疏远，如果不能做到亲和，那只会加剧鸿沟。微笑、谦和、关怀、欣赏、幽默等所表现出来的亲和力，可以帮助领导凝聚人心、汇聚力量。

1. 冷若冰霜惹人厌，待人亲和的第一要诀是微笑

"微笑是一种世界语言"，在所有的交际语言中，微笑是最具感染力的。雨果曾说过："微笑就是阳光，它能消除人们脸上的冬色。"在不同的场合、不同的情况下，领导若是能够以微笑来对待员工，不仅反映了领导高超的修养和待人的至诚，也更容易被员工接受。

微笑，是人际交往的第一份见面礼。越是成功的领导，越应该注意时刻保持微笑。美国钢铁大王卡耐基说："微笑是一种奇怪的电波，它会使别人在不知不觉中支持你。你的成功与失败跟微笑有极大的关系！"

一次，在一个盛大的聚会上，有两位平日里对卡耐基有成见的钢铁商人在背地里诋毁卡耐基，说了很多卡耐基的坏话。当卡耐基站在人群时，那两位商人还在那里高谈阔论，滔滔不绝地数落着卡耐基。

这让主人非常尴尬，担心卡耐基会忍不住与他们发生争执，使得原本热闹的聚会变成了口舌是非之地。可是，卡耐基从听到他们的言论开始就站在那里，一直微笑并沉默着。等到那两个说他坏话的人发现他站在那里时，反而觉得有些难堪，满面通红地愣在原地，不知道该说什么，那表情恨不得找个地缝钻进去。

卡耐基笑着走过去，亲热地握着他俩的手说："真的很高兴能在

这里遇见你们，我听他们说，你们俩的钢铁生意做得很好。"俩人听到卡耐基这样说后，面孔更是一阵红一阵白，尴尬得不得了。这时，卡耐基分别递给他们一杯酒，替他们掩饰了窘态。

第二天，那两个说卡耐基坏话的人，亲自来到卡耐基的家中，再三向他致歉。从此，他们三人成了最好的朋友，生意上也常有往来。

这就是微笑的连锁反应。著名的心理学家亚德洛在《生活对你的意义》中写到："你可能没有留意到，在这个异常紧张的商业社会里，人们因为心情紧张与生活紧张，使得他们的脸孔老是紧绷着，像在生什么人的气似的——他们不懂得微笑，更不懂得放松！"微笑，不仅能够拉近彼此间的距离，还是一种宽容、一种接纳。

然而，在现实中，有些领导却常常板着面孔，很多领导觉得这是威严的表现，其实这样只会让员工和自己拉开距离，反而不利于管理。办公室中，我们经常可以看到这样的一幕：领导冷着一张脸从办公室走出来，吓得员工们都躲得远远的。又或者，领导安排工作时一副不苟言笑的样子，员工唯有弱弱地听着，过后却不将领导安排的事情放在心上。甚至，还有很多员工在背地里喊自己的领导为"冰山"……

虽然，领导在工作中需要严肃，但过于不苟言笑，只会让员工避而远之，认为你是个冷酷之人。这里所讲的"冷酷"，并不是形容人帅气的酷，而是不近人情。为此，领导和员工相处时应该学会微笑，哪怕只是在布置工作时偶尔牵动一下嘴角，这样也能俘获员工的心。

土瓦斯·艾特华有一家上市公司，管理着几千名员工。在公司没有上市之前，他是个不善言谈，表情呆滞的人，大家都不喜欢他。在他 35 岁生日时，艾特华接到了女儿送的礼物，心情非常好，在乘坐电梯时不自觉地笑了笑。当时和他一起乘坐电梯的还有公司财务部主管，看到艾特华这样反常地微笑，财务主管突然愣住了。

从那刻起，财务主管觉得其实艾特华也不是个很难相处的人。有一次，两人一同外出公干时，艾特华和财务主管在谈事情，对话进行到一半时，财务主管突然问道："老总，为什么你不经常笑一笑呢？"

艾特华被他这样突如其来的问题搞得不知所措，思考了一会儿说："工作就要严肃，嘻嘻哈哈地员工还怎么服从你？"

"不笑就真的能让员工们服从你吗？"

"现在，大家不都是做得好好的吗？"

"那只是表面上的，公司的进度为什么跟不上？就因为大家都害怕你、排斥你，因此你布置下去的工作，他们也不会放在心上。"

艾特华听到财务主管这样说后，不由地愣住了，他一直都觉得自己不苟言笑的管理理念是对的，却没想到原来那根本就是错误的。那一晚，艾特华彻底失眠了。

之后，艾特华就像变了一个人，每天对公司里的人笑脸相迎，对公司的高层干部如此，对公司里的保洁人员也是如此。刚开始的时候，大家对艾特华的这一举动都感到非常奇怪，但时间久了大家也就慢慢接受了。重要的是，大家觉得艾特华越来越好相处了，也敢将自己真实的想法说给他听。

艾特华听取了员工的意见，调整了自己的管理理念后，和员工一起努力将公司慢慢地发展壮大。

西方有句著名的格言："你的微笑价值百万！"这不是夸张，也不是刻意强调，它恰好说明了微笑对于个人的事业、人际交往来说有多么重要。一位刚学会微笑的中年领导说："自从我开始坚持对员工微笑后，起初大家非常迷惑、惊异，后来便是欣喜、赞许，两个月来，我得到的快乐比去年一年得到的都要多。现在，我已经习惯了微笑，而且我还发现过去难管的员工，现在也好说话多了……"

在商业社会中，各级领导习惯了紧张的工作，终日生活在忙碌和焦躁中，他们的面孔也不知不觉地抽紧了，显得毫无生气。看到这样的面孔，人人都会反感，何况整日辛苦工作的员工们呢？所以，与员工相处，领导应学会微笑示人，这是增加自己亲和力的一种方式。

【修炼箴言】

微笑，是鼓励、肯定员工最好的表达方式。领导不用精心组织语言，也不用费心准备礼物或是想着为他们加薪，只要在工作中，领导能够发自内心地给员工一个肯定的微笑，那么员工便会真心实意地好好工作。

2. 高高在上只会与世隔绝，谦和有礼才是王道

徐经理在员工餐厅里吃饭，他拿着餐盒走到卖饭窗口时，食堂的师傅没有给他任何优惠。徐经理生气地问道："你知道我是谁吗？"

"不知道。"

"知道我的名字吗?"

"……"

"那你知道我就是这里的经理吗?"

"不知道"，食堂的师傅接着说："你是来吃饭的，我把你想要吃的饭菜端给你，这不就够了吗?"

徐经理听完这话，灰溜溜地离开了食堂。

有人太将自己当回事儿！他们自认为自己有个一官半职，便可在他人面前耀武扬威，在员工面前拿出领导的派头，甚至偶尔还会对下属搞个"潜规则"。其实，做领导虽然应该有"范儿"，但却不能太将自己当回事儿，尤其是在员工面前。

松下幸之助小时候由于家境贫寒，接受了四年小学教育就走入社会打工去了。在以后的日子里，他以为人谦和而著称。

二十三岁时，松下幸之助就开始独自创业，六年后便成为日本收入最高的人。第二次世界大战结束后，松下的事业和生活走向了低谷，虽然这并不是他的错，但他却不断地反省自己，并觉得是自己年轻时血气方刚和小有成就的炫耀之心，造成了今天这个结局。为此，他曾经多次在公开场合对自己进行了反省和批评。

之后，由于松下精心地管理，他的公司慢慢出现了转机，而这时他却将功劳归于自己的员工和下属。此后，他比以前待人更谦虚了，例如，他从不在员工面前摆架子；他总是和员工坐在一起吃饭、聊天；若是公司出现了问题，他就从自己身上找原因……

当企业取得了很高的成就后，他又重新定位自己的企业，提出了"重新开业"的口号，不断地改革、创新，再次将自己的企业发展到了另外一个高度。商业界的人都尊称他为"商业小巨人"，而他的员工却称他为"公司里的亲人"。

杜绝自己飘飘然，就应该将自己的根扎在大地上。动画中大力士安珂之所以能够战胜魔鬼、洪水、猛兽，前提是他的双脚能在大地上，是因为他全部的力量都是大地赋予的。后来敌人发现了这个秘密后，便将他引到树上将其杀死。大地就好比是公司里的员工，领导只有在员工那里站稳脚跟，才能将企业发展到最好。想要做到这一点，唯一的办法就是对员工们谦和有礼，切勿高高在上。

老子曾说："良贾深藏若虚，君子盛德容貌若愚。"善于做生意的人，能够隐藏货物中的珍品，不轻易让人看见，而君子虽品德高尚，而表面上看起来却有些愚笨。谦虚，不仅是处世的一种态度，还是领导与员工相处的一条秘诀。谦虚的领导能够放下自己的架子，与自己的员工像朋友那样交谈，使员工与自己打成一片。

有一次，著名人际关系学家卡耐基和美国著名的传记作家伊达·塔贝尔小姐共进晚餐，期间，卡耐基和对方说自己正写一本关于如何对待下属的书。

塔贝尔小姐说："我为欧文·杨罗写传记时，曾访问过和杨罗先生在一起办公三年的一个人，他说：杨罗先生从未向自己的员工下过一条命令，也从不说'做这个'或'做那个'，而是说，'你可以考虑这样做'，或'你觉得这样做行吗？'"

卡耐基笑着说："这的确是个不错的办法。"

"是啊，杨罗先生说，把一些命令的话语用商量的语气表达出来，效果可能会更好。"

"那我也可以这样试试，也许真的有效果呢？"

用命令的口吻指挥员工工作，肯定没有采取商量的语气好，因为没有任何一个人愿意被呼来唤去。"你觉得我的想法可行吗？""你在这段时间里能完成任务吗？"用类似于这种建议性的口吻与员工交谈、相处，员工自然会有一种被重视的感觉，工作必然会格外努力。

领导要将自己的决策变成员工的自觉行动，只依靠职位、权力是远远不够的。因为，随着社会体制的变动，如今员工已经不是传统意义上的经济人，而是渴望得到重视和关怀的社会人。为此，领导想使员工心悦诚服，为自己所用，就要保证员工在情感上与自己心心相印。领导培养自己的感情影响力，关键是要克服官僚主义的领导作风，待员工谦和有礼才是王道。

聪明睿智的人，想要与人相处，必须懂得守愚的智慧；功高震天的人，想要平安于世，则应该懂得让步的原则；勇武盖世的人，想要得到他人的尊重，就应遵守示弱的规则。同样，领导若想拥有一番事业，唯有懂得亲和待人，才能将其人才为自己所用。

对此，朱熹曾说过："凡事都要谦虚，不要盛气凌人、自取其辱。"曾国藩说："君子过人之处只是谦虚罢了。"只有以谦虚的心态与员工相处，笼络了人心，才能更好地发展自己。

【修炼箴言】

待人亲和，自然人皆爱之。遇事不责骂，工作不命令，凡事不强势，把尊重员工融入工作的每一环节，员工就能自发接受领导的指挥。

3. 金钱买不来效率，一句"辛苦了"可凝聚力量

20 世纪 50 年代，美国行为科学家赫茨伯格在《工作动机》一书中对传统理论提出挑战，他认为大家都会在工作中寻找满足自己特性的一些基本需要，以获得自我的满足。金钱是很多领导常用的管理手段，通过"房子"和"车子"等物质来收买员工，提高员工的办事效率。可是，时间长了，单纯的物质奖励同样无法满足员工的内心需求，领导还必须掌握其他的激励方法，方能与员工更好地相处。

假如一个员工总是得不到肯定和关怀的话，久而久之便会对工作失去兴趣，失去工作的主动性。美国钢铁大王安祖·卡耐基选拔的第一任总裁查尔斯·史考伯说："我认为，我邦能够使员工鼓舞起来的能力，是我所拥有的最大资产。而使一个人发挥最大能力的方法，是赞赏和鼓励。"

美国著名女企业家玫琳·凯曾说过："世界上有两件东西比金钱和性更为人们所需——认可与赞美。"能关怀下属的领导，能使员工们的心灵需求得到满足，并能激发他们潜在的才能。

有位警卫员工作完后，常常十一二点才休息。为了保证公司的安全，他每晚都要到仓库、食堂、职工宿舍去巡逻。他已经在这个岗位

上工作了好几个年头了。

有一天，他如往常一样在公司巡视，总经理刚刚好从办公楼里走出来，看见他在仔细地检查楼梯门口的灭火器。总经理看到他如此敬业，非常感动，但碍于面子只过去说了句："辛苦了，下班早点回去休息。"

那位警卫员听到这话，抬头就看见总经理远去的背影。从此以后，警卫员工作得更认真了，他一直都觉得要对得起总经理的那句"辛苦了"。每每想起那晚，警卫员心里都是暖暖的，他想总经理工作那么忙，还记得关心自己，可见总经理心里还是有自己的，与这样的领导一起工作，怎么能不尽心尽力呢？

美国《福布斯》杂志因推出"全美400首富排行榜"而蜚声世界。它的几任老板都是很有亲和力的人，他们的领导风格是：完全信赖、大胆任用，对员工的优秀表现给予真诚的赞美。在这里，哪怕第一天新来的人，也能在他的职权之内按自己的意愿工作，而不会受到任何干涉。如果干得好，其收获是丰厚的奖励和令人惊喜的赞美；如果干得不好，那是自己的问题，即使被开除，也没有人会产生怨言。

乌井信治郎是日本桑得利公司的董事长，深受下属爱戴，员工都称呼他"父亲"，他对员工的关怀有如慈父一般。

公司在刚开始创立时，各方面的条件都比较艰苦。乌井常常听到店员抱怨："房间里有臭虫，害得我们睡不好！"有一天晚上，店员都睡着后，乌井悄悄拿着蜡烛来到员工的房间，在柱子的裂缝里以及柜子间的空隙抓臭虫。店员听到声响，从睡梦中惊醒，看到正在认真抓臭虫的老板时，都感动得落泪了。

此外，员工平时遇到了困难，乌井总是尽心尽力地给予帮助和关怀，就如同对待自己的儿女那样。一次，新职员作田的父亲因车祸去世了，他不想让同事知道他家有丧事，怕麻烦大家。但在出殡的当天，乌井率领着全体员工到殡仪馆帮忙。他还像作田的亲属一样，站在签到处，对前来祭拜的人一一答礼。

丧礼结束后，乌井对作田说："没有车子，你和伯母如何回家呢？"说完，立刻跑去叫了一辆计程车，亲自送作田和他的母亲回家。后来，作田当上主管后，常对下属提起这件事，并说："从那时起，我就下定决心，为了老板，即使牺牲性命也在所不惜！"

人都是有感情的动物，"汽车界的经营奇才"亚柯卡曾说："所谓经营，无非是一种人际关系的网络而已。"无论是经营事业，还是经营人生，都不过是一种人际关系的网络，把人际关系搞好了，到处有人相助，自然成功。

很多领导认为在工作上与员工的联系纯粹是一种金钱关系：我给你工资，你给我干活。其实这样的观念是错误的，因为从本质上来讲，领导与下属的关系也是人与人的关系。一个聪明的领导善于运用这种感情因素，将下属紧密地团结在自己周围。我们看到很多人在遭遇挖墙脚时还是选择了留下来，很大一部分原因是领导将感情激励运用得比较好。

曾经有外国的管理心理学机构做出过研究：如果一个人生活在温馨友爱的集体环境里，就会懂得尊重、理解和容忍，产生愉悦、兴奋和上进的心情，工作热情和效率都会得到提高；相反，若是一个人生活在冷漠、争斗和尔虞我诈的气氛中，情绪就会低落、郁闷，工作热情也会随之而减淡。

为此，领导在与员工们交际时，就应该重视对于下属感情的投资，抓住一个"心"字，与下属互相交心、关心、以心换心，从而达到心心相印、同心同德，共创伟大事业的和谐局面。

【修炼箴言】

重赏之下，虽有勇夫，但是单纯只靠物质利益并不能协调上下级的关系，也不能改善低迷的工作效率。这个时候，领导就需要挥舞"感情"这根指挥棒，真诚地去关心和赞美员工，以自身魅力去感染下属、凝聚人心。

4. 站在员工的立场看事情，团队建设重在同心同德

在如今分工越来越细化的商业社会中，单枪匹马、个人奋斗的时代已经被取代了，团队合作才是企业成功的基石。在工业、农业、娱乐、体育、文艺等各个行业中，团队合作无处不在。有位著名的 NBA 篮球运动员说："当我每场拿下 30 ~ 40 分，成为 NBA 最佳运动员时，你真以为那是我一个人的能力吗？你错了，篮球是 5 个人的运动。"

在现代企业生产和管理中，团队是一种最常见的组织形式，大到整个企业，小到企业内部的各个部门，都是一个团队，都会遇到合作的问题。若想要这个团队长久地合作下去，领导就应该发挥独特的领导能力。对于团队这个名词，管理大师威廉·戴尔曾这样定义过："一个联合而凝聚的团体"。而 IBM 公司也曾下过相似的定义"一小群有互补技能，为了一个共同的目标而相互支持的人"。

关于团队的定义有很多种，其中核心的内容便是：同心同德。领导若能够发挥自己的领导才能，优先将自己的灵工培养成同心同德的团队，这比任何烦琐的制度和复杂的管理手段都重要。然而，现实中却很少有领导注意到这一点，最后使得刚刚建立起来的团队涣散成一盘散沙。

人事部经理徐杰刚要找自己的几名下属去开会，总经理过来拉着徐杰说："最近公司比较忙，销售部的经理还没招到，这几天你先帮忙盯着点，如果你能将销售部带好，那我就再招一个人事部的经理就可以了。"

徐杰听到总经理这样说，心里很高兴，因为全公司的人都知道销售部可是块"肥肉"。于是，从那天起，徐杰每天都和销售部里的员工待在一起，完全忘记了自己也是人事部的经理。由于公司不断在扩展，人事部有许多问题要徐杰来拿主意，因为徐杰的心根本不在人事部，每次有人事部的员工来找他解决问题时，他总是敷衍了事或是让下属自己决定。

时间长了，人事部的员工看见领导对自己部门的事情一点儿也不上心，慢慢也就不将工作放在心上了。这段时间虽然徐杰的心都在销售部上，但由于方法不当，销售业绩一直都上不去。

五个月后，总经理带着一名新人来到销售部，说："这些日子多亏了徐杰帮助管理销售部，小徐这段时间实在辛苦了，今天我带来一位新人，他以前是外企的销售状元，相信一定会管理好咱们销售部的……"

徐杰听到这里，才清楚一开始总经理就没想让自己做销售部的经理。徐杰心中虽有千万个抱怨，但为了这份工作，他还是忍气吞声地回到了人事部。令他没想到的是，人事部的员工根本就不好好工作，每天只是应付了事，这让徐杰非常苦恼。

很多领导认为员工能够独立完成工作、各司其职是一个优秀团队的表现。但事实上，这明显是将"你的事情"和"我的事情"划分得非常清楚的一"群人"，这不能称为一个合格的"团队"，只能称为被企业规则束服起来的"群体"。假如，员工在自己部门的饮水机旁边接水，不小心将水洒在地上，但他却看也没看地转身走开了，后面来接水的人也没有用拖把将地面擦干净，这样的员工也算不上"团队成员"。

在通常情况下，领导会从表面上看一个团队的行为特征，并以此对团队下一个定义。回想一下你对"团队"概念的理解：具备高度合作精神和集中战斗力的一群人，才能算得上真正意义上的"团队"，而缺乏凝聚力的和合作精神的一群人，不过是盘可以利用的"散沙"而已。

共同的目标、凝聚力、协作精神是一个强大团队的代名词，但是如果对团队特性的理解还不够深入，还未看清团队的本质，那最后只能令事情本末倒置。其实，团队的本质应该首先是心灵上的契合和精神上的共鸣。

有一次，松下幸之助因为拓展业务出访美国。当时《华盛顿邮报》的一名记者在采访时，问道："在您看来，是日本人优秀一点儿，还是美国人优秀一点儿？"在场的人听到记者这样尖酸的问话，都不禁为松下幸之助捏了一把汗。

这个问题的确让人很难回答，松下幸之助若是说美国人优秀，便会伤害到日本人的感情；假如说日本人更优秀一些，那势必会因此而惹怒了美国人；如果不回答这个问题，那对方一定会觉得这是在敷衍他们。

松下幸之助笑了笑，说："我知道，美国人从来都优秀，他们身体强壮，富有工作热情和丰富的想象力，随时都能创造出很多新鲜的东西来。但是如果让一个日本人与一个美国人较量，那最后胜出的一定是美国人。"

美国的记者听后非常开心，对松下幸之助的评价表示感谢。正当记者因松下幸之助的话暗自得意时，又听到松下幸之助说："即便如此，但日本人也不差，他们虽然没有美国人的激情和创造力，但他们却是坚强而有韧性的。日本人很注重集体的力量，他们为了国家的利益可以牺牲一切。我想，假如让 10 个日本人与 10 个美国人较量，那结果一定不分上下。但是如果让 100 个日本人和 100 个美国人进行较量，我相信日本人一定会略胜一筹。"

松下幸之助这样的回答明显是委婉的说辞，但这也表明了作为一个团队该具备的精神，这种精神不是某些规章制度约束出来的，而是人民一种高度自觉的精神意识。国家是这样，一个企业也是如此。领导应该想方设法将每个员工凝聚在一起，而不是让他们独自行动，领导怎样做才能与员工同心同德呢？管理学家给出了以下几点建议。

1. 领导应该站在员工的角度想问题，这样才能和员工想到一块去。

2. 学会利用"感情"激励法收买员工，例如，"这么晚加班，辛苦了"、"公司是大家的，家中有困难，我尽量帮助大家解决……"

3. 领导在与员工交谈时，尽量少用命令的口吻，最好多用商量的语气与员工沟通。

4. 无论是大事还是小事，领导都应该对员工公开，不应该隐瞒，如果隐瞒真相会使员工心生疑虑，也就无法将员工们管理成一个同心同德的团队了。

【修炼箴言】

一个团队由许多来自不同成长环境的人组成，每个人都有不同的要求和背景。身为一个"松散型"团队的领导，要想改变目前这种情况，一定要以身作则，做一个团队精神极强的楷模，用个人魅力去感染团队的每一位成员，得到他们的理解、认同和支持。

5. 少一点苛求，多一点鼓励

领导的地位和身份让其有批评下属的权力，然而对于这样的权力，一个成熟的领导是不会时刻都想着用的。在下属不合心意的时候，他们更愿意选择宽容和鼓励，而不是苛责。

酒店大亨、希尔顿集团的创始人康拉德·希尔顿在选拔和使用人才方面的做法非常令人称道。老希尔顿对每位下属都很信任，他放手让下属们在职务范围内发挥聪明才智，大胆地处理工作。

而一旦这些下属犯了错误，他的做法就是把他们单独叫到自己的办公室里，先安慰他们一番，他说的最多的一句话就是："当年我在工作中犯过更大的错误，你这点小错误算不了什么，凡是干工作的人都难免会出错。"

等到下属的情绪稳定后，他再客观地帮助下属分析错误的原因，并一同研究解决的办法。老希尔顿之所以能够对下属犯错误采取如此宽容的态度，是因为他知道只要一个组织内部的高层领导的决策在方向上是正确的，那么基层员工犯些小错误也不会影响到整个组织的发展。

相反，如果领导面对错误一味地指责，可能会打击员工的积极性，从根本上动摇企业的根基。

我们可以猜测一下，也许正是希尔顿这样豁达的处事原则，才使得希尔顿集团的全体管理人员都愿意为他奔波效命，才会对工作兢兢业业、认真负责，希尔顿集团也才有了如此辉煌的成就。

每个人难免会犯错，而一个人在犯错之后其内心常会有深深的愧疚感，对于他们来说需要的不是领导的批评，而是一份鼓励和让他们"将功赎罪"的机会。

古人云：凡成大事者不拘小节，《列子·杨朱》里面也有这种说法：要办大事的人是不会计较小事的；而要成大功业的人是不去追究琐事的。古人把小节不究看作是对一个人能否成就大事、担当起大责的关键评价。对于一位领导，他们提倡的是胸怀大局，不纠缠于细枝末节，看重的是人的才干，而不是其他问题。

换言之，一个领导要能够宽恕下属的短处和过错，不因他们的缺点就忽视他们。容人小过，不念旧恶，倘若领导拥有这样的气度和胸襟，才会产生不怒自威的效果，而其下属久而久之就会"不用扬鞭自奋蹄"了。

谷歌公司的创始人之一谢尔盖·布林在一次偶然中发现，员工在工作时间会做很多无关工作的事情，甚至有些员工放着交给他们的工作不做，整日拖拖拉拉，趁人不备的时候就去玩儿网络游戏。公司中的这一现象，让几位领导陷入了深思，并聚在一起研究如何改变这一现状。

经过一段时间的研究后，以谢尔盖为首的几位领导并没有对员工提出新的要求或是进行监督，而是在公司内出台了一项新规定：

每个员工都可以在办公时间内拿出 30% 的时间做自己喜欢的事情，不管它和工作是否有关系，只要是自己喜欢的，并不为其他公司做兼职即可。

这一规定刚一出台，谷歌其他的中层领导都觉得匪夷所思，但很快他们就看到了这项规定所带来的效果。员工的工作效率变高了，在工作中出现失误的概率也大大减少了。不仅如此，由于对这些员工个人爱好的总结，谷歌还研发出了多款新的搜索功能，为公司带来了丰厚的收益。

随着领导对管理心理学的重视，如今在世界上一些知名的大企业中，领导不仅善于容忍下属的缺点和错误，而且还鼓励下属犯"合理性的错误"，就像谷歌公司那样，公司甚至会创造条件去让你犯错。

这点也许与传统管理观念是完全不同的，但无论怎样，能促进公司内部的和谐，帮助公司提高效率的办法就是好办法。在工作中，特别是在竞争激烈的"经济战争"中，面对担有一定风险的经营决策，敢于开拓、勇于承担风险者，或因对手过强，条件不足，或因对方配合不够，不守信用而产生的问题等，不犯错误几乎是不可能的。很多时候，正是对这些错误的总结，促使了一个又一个非常规发展企业的诞生。

IBM 的前总裁安迪·格鲁夫也是以包容下属而闻名的，只要下属在人品和工作能力上没问题，其他的小瑕疵从来都不在格鲁夫评价、考察的范围之内。对于一些员工经常出现的偷懒、疏忽等问题，格鲁夫也从不正面给予批评，而是让他们自己去反省。在工作上与他意见不同的那些员工，格鲁夫更是大度，不但不生气还非常乐于和他们讨论，互相交换意见。可以说，正是有了格鲁夫这样有容人之量的领导，IBM 公司才可以在竞争激烈的市场上攀上一个又一个的高峰，长期以来立于不败之地。

世界上最宽广的是大海，比大海更宽广的是天空，比天空更宽广的是领导的胸怀。能否包容他人，是判断一个人是否具有领导气质的重要标准。作为一个管理者，不要吝惜自己的宽容，不要以为只有针尖对麦芒才叫强势，才有气势。有宽容的胸怀才是最大的领导气势所在。

【修炼箴言】

挑剔型的领导魅力不足，不但不能受下属的喜欢，还令大多数人心生抱怨，这对管理和领导工作无益。相反，一个欣赏型的领导往往能获得下属的优待。这并不是他在拍下属的马屁，而是说他总能凭借慧之眼发现下属的优点，借助宽容之心正确地对待他人的不足。

6. 欣赏员工，而不是挑剔员工

在《资治通鉴》一书中，有这样一个故事。

春秋魏国的士大夫子思准备向魏侯举荐一位人才，他对魏侯说："他非常具有军事才能，能够统领所有的军队，并且还能保证战必胜、攻必克、守必定。"

听完子思这样说后，魏侯非常高兴，连忙让子思将这个人带来看看。当子思将这个人带到卫侯面前时，魏侯一看是苟变，便连连摇头表示不行。私下里，魏侯对子思说："这个人我知道，他叫苟变，之前我也曾重用过他，可是他这个人比较喜欢占小便宜，就算在替我做事时，他还曾白吃了百姓两个鸡蛋，品行不好。"

子思听到魏侯这样说，笑着答道："英明的君主在选用人才时，就像木匠选用木材一样，会取它的长处，放弃它的短处，一棵上等的木头不能因为它烂掉了几尺，就将它扔掉不用吧。现在，各诸侯纷纷雄起相争，正是用人的时候，英明的君主怎可因为品行不好而放弃一个人才呢？"

魏侯听后，觉得子思说得非常有道理，便从此开始重用苟变。

俗话说："金无足赤，人无完人。"在一个企业中，每个员工就像手指头一样，各有所长、各有所短。领导若总是抱着"水至清、人至察"的理念来管理员工，势必会引发员工的抱怨，导致他们不愿意尽力工作。这样不仅对企业的发展没有好处，还容易流失人才。

鲁迅先生曾这样说过："倘要完全的书，天下可读的书怕要绝灭，倘要完全的人，天下配活的人也就有限。"管理学大师彼得·德鲁克在《有效的管理者》一书中也做过这样的论述："倘要所用的人没有短处，其结果至多只是一个平平凡凡的组织。所谓'样样都是'，必然一无是处，才干越高的人，其缺点也往往越明显。有高峰必有深谷，谁也不可能十项全能。"工作中，员工有缺点才真实，领导也才好管理。若是每个员工都完美，恐怕你这个领导之位也不会坐长久了。

有位企业家说："一位管理者如果仅仅只能见人之短而不能见人

之长，因而刻意于避其短而非着眼于展其长，则这位管理者本身就是一位弱者。"因此，优秀的领导应该懂得如何去欣赏员工。

松下电器公司的副总经理中尾哲二郎，刚开始进入公司时只是名临时雇员。一次偶然的机会，他的上司对松下幸之助说："这个家伙一点用也没有，还总是发牢骚，工作进度跟不上不说，还尽讲些怪话。"

这两句话引起了松下的注意，他觉得在底层工作的人抱怨，多半是因为他们的才能没有得到发挥。如果给他换个环境，适当地重用他，爱发牢骚的毛病也就解决了，而且还可能成为公司的骨干。

于是，松下当场表示，让中尾在自己的手下干活。中尾受到松下的重用后，一改之前的缺点，表现出非凡的创造力，很快便成为松下公司中出类拔萃的人才。

没有无用的员工，只有不会用人的领导。在一个善于管理、善于挖掘人才的领导眼中，任何一个员工都是块美玉，关键是看自己如何放、怎么用。

"这群人真难管，真头疼！"其实，令人头疼的也许不是员工的愚笨，而是领导那颗挑剔的心和不懂管理的方式。20 世纪末，美国的一个管理专家团曾到我国南方一座城市的一个工厂访问，工厂的老总听说这些专家有认识"人才"的特殊本领，便专门请专家来指点一二。

几位专家走进一个车间后，在没作任何了解的情况下，随便在车间里转了一圈，很快指出了几位"人才"。之后，工厂里的各级领导每天都用欣赏的目光去对待这几位"人才"。几年过后，管理专家们再次来到这个工厂，结果他们指认的"人才"，都以良好的工作状态和技能成为公司的骨干。工厂的老总非常佩服美国专家慧眼识金的本领，并想探究其秘诀，而美国的专家只说，他们是随便指的。工厂的老总非常不解，其中一个专家解释说："其实，每位员工都是人才，只要你以赏识人才的方式激励他们、欣赏他们。"

确实如此，每位员工都是人才，他们身上都会有自己独特的闪光点，关键是领导能否看到这些闪光点。欣赏是种肯定和信任，也是种激励和管理方式。一点小的欣赏，对领导来说可能是举手之劳，但对员工来说，却可以培养他们的自信心和上进心，从而奋发向上，更好地为企业服务。

【修炼箴言】

身为公司的领导，应有欣赏他人的雅量和心胸。若是总盯着员工的缺点，即使璞玉，你也无法发觉它的光芒。反之，若是你懂得欣赏，就是一块顽石，也能看到它的价值。璞玉与顽石，不过在于你是否懂得欣赏而已。

7. 因人而异，宽容能收服组织中的"怪才"

对于如何管理员工，张朝阳曾说："不管是自我管理还是企业管理，管理其实是没有规律可循的。同一个人在不同的阶段、不同的情况下，他的思维及心态都有差异，因此没必要找一个模式去套，只要去研究如何高效率地工作就对了。"

在企业中，领导难免会遇到一些"怪才"。无论在什么情况下，这样的员工都是不受欢迎的，因此每每面对他们的时候，领导也难免会心生烦躁。然而，对于一个成熟的领导来说，即使心里很排斥他，也不能表现在言谈举止上，相反，他越是古怪，做事越是不按常理出牌，就越应该对他宽容以待。

法国文豪巴尔扎克曾经写道："世上所有德性高尚的圣人，都能忍受人才的古怪行为。"其实有的时候，古怪的人才反而比那些全才更有利于企业的发展。因为，他们虽然行为古怪，但却能够在某些方面展现突出的才能，帮助企业解决一些特别棘手的问题。

美国第一任总统华盛顿先生堪称领导的典范，他面对"怪才"的宽容值得今天的领导学习。

1754 年，华盛顿率领自己的部队驻扎亚历山大市，并被推选为弗吉尼亚州议会议员的候选人之一参加选举。在众多的反对者中，有个名叫威廉·佩恩的人非常古怪，他是华盛顿的一名部下，但他却是非常有才的人。

在华盛顿参加选举的时候，威廉·佩恩不仅站到了华盛顿的对立面上，还大肆宣传华盛顿的坏事，更关键的是，他这些古怪而刻薄的言语在群众中非常有"市场"。一时间，华盛顿为此很苦恼。

因为这件事情，威廉·佩恩和华盛顿争论了很多次，最为激烈的一次是，他们就华盛顿的选举问题展开了激烈的讨论。在辩论的过程中，华盛顿由于情绪激动而失口说了几句侮辱威廉·佩恩的话，佩恩因此而被激怒，随手挥起手中的木手杖将华盛顿打倒在地，场面甚是混乱。当闻讯而来的华盛顿的部下要为他采取报复行动时，华盛顿却阻止了，告诉大家，一切事情都由自己来处理，并让大家退回了营地。

次日上午，华盛顿让人带给佩恩一张便条，约他在一家酒店会面。佩恩以为华盛顿会要求他道歉，甚至会对他提出决斗的挑战。于是，他便随身带了一把手枪准备接受华盛顿的挑战。然而，让佩恩意外的是，华盛顿在酒店中等了他很久，他手中拿着的并不是手枪，而是酒杯。华盛顿看见他进来便站起身来，笑着说："亲爱的佩恩先生，人都会犯错，昨天的确是我做错了，当时你也已经用行动挽回了面子。如果你觉得你没有丢失面子，那就请握着我的手，让我们做个朋友吧！"

这件事情就以这种皆大欢喜的局面结束了。从此以后，佩恩成了华盛顿忠心的崇拜者和最优秀的部下。

未必每个"怪才"都会变成佩恩，但是如果每位领导都能做一个像华盛顿那样的领导，就一定会得到更多的人才。

在组织中，有些人做事好像故意要与其他人作对一样。其实，他们并不是要与谁作对，只是单纯地为了工作而已。无论身边的同事怎样对待他，他总是一副冷若冰霜，甚至是别人欠了他很多钱的样子。他能看的惯的事情怎样他都愿意，入得了他们眼的事情，不管你会不会求他，他们都会尽心尽力地做好。

面对这样的"怪才"，领导不应该妄想征服他们，最好的办法就是让着他，不与他发生正面交锋。对他宽容一点，这一方面可以避免给自己找麻烦，另一方面也能够体现领导的豁达胸襟。

面对"怪才"型的下属，领导不能用权势去压人，要知道，用权势去威慑下属是最损害领导形象的行为。

三星集团的社长李相铉为三星制定的"人才经营"新战略是：善用"个性"人才，敢用奇才、怪才。

一般在组织中的奇人、奇才，往往不合群，在组织内部协调共事方面存在缺陷，令许多组织的领导对其不喜欢，不重用。可是，李相铉却认为，"个性"人才对组织的发展极为重要，只要懂得"奇招制胜"，奇才更能有望成为特定领域的专家。

所以，李相铉大胆地启用奇才、怪才，让他们扬长避短，担当大任。比如 1999 年，正当风险投资悄然兴起时，当时所属三星电子软件俱乐部聘请的"软件大玩家们"的薪金达到了 2 亿韩元。这些软件专家们并不都是来自于名牌大学，他们大部分都没有接受过很正规的教育。很多时候，他们仅仅依靠龙山电子一条街接管点组装电脑、编程等副业打"野战"，最后居然也混出了名堂，甚至个个还成为"黑客"或编程高手。

事实证明，这么多年来，三星能够在国际电子产品市场上屡屡创新，拔得头筹，所仰仗的就是这些"奇才"别具匠心的"点子"。可见，李相铉的"奇招制胜"战略是行之有效的。

一般来讲，"怪才"性格中的"怪"大都是由于其内在的特异禀赋造成的，这种特异的禀赋使他们行事一般不守常规，而是表现出超常性，所以才具有"出其不意"的潜质。因此，精通用人之道的领导往往特别注意使用这种人才。

　　三国时期的庞统，不仅面貌怪异，性格也与常人不同。诸葛亮知晓他才学满腹，将他推荐给了刘备。刘备因为无法接受他的相貌，也不能容忍他古怪的性格，于是只让他当一个无足轻重的县令。

　　庞统心里清楚刘备这样做是从心底看不起他。为此，庞统上任后整日饮酒、睡觉。这样浑浑噩噩过了三年，他终于被刘备想了起来。于是，刘备便派遣张飞去检查他的工作。就在这个时候，庞统在一天之内处理完了三年内积压的案件，张飞看得目瞪口呆。

　　"怪才"对问题一般都有自己独到的看法，为此个性都较为鲜明。他们中有的人苛求挑剔；有的人则是"麦秸火"脾气，动不动就发"火"；有的人内向深沉，城府颇深……所以领导要用"怪人"，必须要有宽阔的胸襟。

　　在某一时期日本的索尼计算机在市场上落后于其他竞争者很多，只有尽快地拿出新产品和新设计，才能在市场上站稳脚跟。按照正常的速度，科研部门研制新产品最少需要两年的时间，这明显是不利于竞争的。于是，索尼公司的内部领导决定，公开在企业内部招标。结果业界三位公认的"怪才"中标。虽然很多人都反映这几个人自尊心太强，点子太多，清高而不合群，是很难管理的。可是，索尼的领导们还是放手让他们"组阁"。

　　在研发的过程中所用到的经费、时间、设备全部由他们自主决定。他们只用了半年的时间，印有"索尼"商标的微型计算机就问世了，性能也比同类产品要高出很多，而价格却是最便宜的。因此，索尼迅速在日本占据了大部分计算机市场。一年后，索尼又推出了高速度大型计算机，这样的效率令其他计算机公司望尘莫及。

　　这就是使用"怪才"所获得的效果。"怪才"也是人才，而且是在"出奇制胜"上大有可为的人才。所以，领导在与"怪才"相处时，应该多些包容和理解。

【修炼箴言】

每个公司几乎都有一些与公司管理格格不入的"怪才"。狭隘无知的领导可能只看到对方的不服管理，但聪明的管理者却能因人而异，给予对方发挥自我的机会。收服这些"怪才"，需要领导采用包容、理解的态度。

8. 偶尔小幽默，大度领导令人喜

美国著名心理学家吉尔福特经过研究发现，具有较高创造力的人通常具备以下几个特点：独立性较强、求知欲较强、颇具好奇心、知识面较为广泛以及令人愉快的幽默语言。而对于一个领导来说，幽默感是亲和力最直接的体现，也是获得员工好感的有力武器。

具有幽默感的领导，能够通过轻松风趣的方式来化解尴尬、窘迫的局面。在当今社会中，做好领导工作就必须赢得员工的好感，而幽默所体现的智慧往往能使员工很快地接受自己，领悟自己所要表达的意思，从而提高员工的执行力和工作效率。

哲学家奥修曾说："成为'活生生的'意味着具有幽默感，具有一种很深的爱的品质，具有一种游戏的心情。幽默作为一种激励艺术，在日常的交往中起着重要的作用。"具有幽默感的领导的周围很容易聚集一批为他效力的员工，领导的幽默不仅能获得员工的好感，还能化解许多尴尬，维护员工的自尊。

一天，威尔逊为了推行某项政策，在广场上公开举行演说，当时广场上聚集了成千上万的人。正当威尔逊激情高昂地演说时，突然从人群中扔来一个鸡蛋，刚好砸在他的脸上。负责安保的人员马上四处寻找闹事者，结果却发现扔鸡蛋的只是一个小孩子。

威尔逊知道了这件事情后，示意手下人放下孩子，只让他们记住那个孩子的名字和家里的地址和电话。在场的听众都在猜想，威尔逊会不会处罚这个孩子，为此人群出现了骚动。这时，威尔逊示意大家安静后，笑着说："我做人的准则是要在对方的错误中，发现我自己的责任。刚才那位小朋友用鸡蛋砸我，并能够将鸡蛋扔得那么准，将来一定是位篮球健将，我一定要记住他的名字，将来把他培养成一名出色的篮球运动员。"

威尔逊的这一番话将大家都逗乐了，刚才的尴尬气氛也消失不见了。从那天起，有越来越多的人喜欢威尔逊，并愿意支持他的任何决定。

大家都喜欢和幽默的人在一起共事。在西方的很多国家中，倘若没有幽默感，这个领导几乎就是失败的。因为在西方，大家将幽默感视为魅力、睿智的代名词。幽默的领导比古板严肃的领导更容易与员工打成一片。经验丰富的领导都知道，想要促员工能够与自己齐心合作，就必须通过幽默让自己的领导形象更加丰满。

在一个企业中，领导若是懂得一些幽默，在管理员工时往往能够取得很好的效果。有些著名的跨国公司，上至总裁下到一般的部门经理，已经开始将幽默融入日常的管理活动中，并将它看作一种策略。据美国针对 1160 名领导的调查显示：77% 的领导会在员工会议上以讲笑话来打破尴尬的僵局；52% 的领导觉得偶尔的幽默能够帮助自己开展业务；50% 的领导认为公司有必要请一名"幽默顾问"来帮助员工放松；39% 的领导认为员工应该在"开怀大笑"中工作。

然而，中国企业的领导似乎大多不苟言笑，不通幽默，这主要是由以下几个原因造成的。

1. 从领导的角度来看，由于等级观念的存在使得他们不愿意和普通员工过于亲近，他们以远离大众的方式保持自己特有的神秘感，让员工觉得他们高高在上，这也是为了显示自己的领导权威。

2. 从员工的角度看，传统思想已经使大众对官员、领导的形象固定化、模式化，他们从心底对领导存有敬畏感，为此他们看到的领导也都是一副严肃、不苟言笑的样子。如果领导突然变得幽默起来，员工反而会觉得领导嬉皮笑脸、不够严肃，进而觉得领导的能力和水平都是不行的。

从上面这两点来分析，由于领导错误地估计了自己的身份，加上员工的不理解，领导也就渐渐地打消了幽默的念头。现在我们来看下面的一个案例，或许对企业领导有所启发。

一天，公司的几位高层经理在外地的招待所聚餐，以庆祝这次任务圆满地完成了。由于几个人都是一级经理，公司特别加派了几个新员工跟着学习。

酒菜上完之后，几位新员工开始为经理们挨个斟酒。不料，有位新员工因为过度紧张，一不小心将酒全都倒在一个秃头的经理头上了，而这位经理刚好是公司的总经理。这时，大家都愣住了，不知道如何是好，那位闯了祸的新员工也不知所措地站着，吓得全身发抖。

就在这个最尴尬的时刻，那位总经理用餐巾纸擦了擦头，笑着对大家说："小伙子，你觉得这样就能治好我的秃头吗？"然后，在场的所有人都笑了。

故事中的经理懂得幽默，在面临突发情况时及时幽默了一把，帮助员工化解了尴尬。在职场中，领导虽应懂得幽默，但也要有绝对的把握，凡事有个度，切勿"过犹不及"，每当在"幽他一默"时最好也能控制住幽默的限度，别玩儿过了头。为此，领导应该注意以下几点。

1. 不要随便幽默

幽默并不是在任何场合中都能用的，只在一些特定的场合中才能发挥它的作用。例如，在一个非常正式的会议上，员工在发言时，如果领导这时突然冒出一句逗人的话，也许大家都笑了，但正在发言的员工心里肯定不高兴，认为领导此举是看不起他。

2. 幽默也要高雅才好

现实中，不少人开玩笑时因为没有把握分寸，最后使得大家不欢而散，影响了自己的形象。为此，领导在与员工交往时，幽默也要高雅一点才好，禁忌将员工的缺憾作为笑料讲给大家听，这是一种不明智的选择。

3. 适时的表现，才会产生作用

当员工在工作疲劳马上就要进入睡眠状态时，上司若能及时地幽默一下，一定会使死气沉沉的气氛为之改观。在开会或是在聊天时，有的员工因口无遮拦伤害了其他员工，这时领导应该以引人发笑的言语转移大家的注意力。

【修炼箴言】

具有幽默感的领导很容易聚集一批为他效力的员工，这就是魅力的作用。因此，领导在言谈举止中要多采用幽默的方式来赢取员工的好感。不过，运用幽默要有度，不要过犹不及。

第三章
广纳善言,不做组织里的独裁者

独裁的管理意味着排斥沟通、拒绝反对。久而久之,这必然会引发问题。要知道,管理工作的核心就是沟通,就是与别人交流思想、表达意念、寻求共识。只有这样,领导才能维护人际关系的和谐。以尊重的态度敞开胸怀,认真倾听员工的心声,领导才能赢得员工的心。

1. 不做公司里的"大家长"

现实中，很多领导都偏爱独裁，这可能是源于人们对于权力的占有欲望。一旦领导获得了一项权力，就必须使用它并且害怕失去它，从而拒绝听从他人的意见。在独裁的领导眼中，他人的意见就是对于自己权力和地位的挑战，因此，无论自己会不会、懂不懂，所有的决策都应该按照自己的意思去做。

在日常管理工作中，一个独裁的领导总是喜欢用训斥、监控、惩罚、威胁和命令的方式来对待下属，这已经不是一个现代的组织所能容纳的管理方式了。无论是企业还是机关单位，分工呈现越来越细致、越来越强调专业素质的趋势，因此每一项决策都应该是各部分协同研究的产物。

就拿一个工业企业为例，生产计划的制订需要参考销售部门的数据和报告；产品的改进和技术的创新需要从服务部门那里得到更多的顾客意见；企业决策的制定也不是管理者一个人的事，因为任何决策方案都是由员工来执行的，他们的意见才是来自第一线的真正需要考虑的声音，因此，已经有越来越多的企业认识到了思维模式固定的危险，他们聘请了外部力量来参与企业的决策。在这种情况下，如果领导还要独断专行、闭门造车，那就无异于把自己的组织往死胡同里带了。

在汉宣帝时期，当朝的宰相叫丙吉。一年春天，丙吉驾着车经过繁华的都城街时，碰到一群人在斗殴，死伤了很多人，但是他却装作没看到，若无其事地经过现场，继续往前走。没走多久，他又看见一头拉车的黄牛吐着舌头，一副气喘吁吁的样子。丙吉立刻命人前去询问牛的主人。

随从看见丙吉这样做觉得很奇怪，为何宰相对群殴事件不予理睬，却担心拉车的黄牛呢，这不是轻重不分、人畜颠倒了吗？于是，随从便鼓起勇气向丙吉请教。丙吉笑着说："处理群殴事件是县令或京兆尹的责任，身为宰相每年只负责评定一次他们的内务，然后再将赏罚的奏折上传皇上就可以了。"

丙吉看了随从一眼，继续说道："对于所有琐碎小事宰相不必一一参与，处理群众围斗就更不需要了。而我之所以会询问黄牛怎么了，是因为眼下正值初春时节，耕牛吐着舌头气喘不停，我担心这是由于阴阳不调所造成的。而宰相的职责之一就是能够顺调阴阳，这也是我下车询问的原因所在呀！"

随从听到丙吉这样说后，恍然大悟，纷纷称赞宰相英明。

1997 年，搜狐公司的茶水间贴满了他们崇尚的 17 条格言，其中有"流动结构"、"扁平化管理"、"一万年太久，只争朝夕"等。而到 2011 年时，"流动结构"和"扁平化管理"被拿掉了，也就从这时起，搜狐建立了新秩序。张朝阳曾坦言："公司有 100 个人的时候还管得过来，公司大了之后，各个方面的问题都来了，各种各样的法律问题、政策问题都等着我处理，我忙不过来了。"

企业的发展需要解决很多问题，如远景规划、经营决策、人力资源管理和企业文化建立等，这都是左右企业发展的重要命题。在这种商业环境下，管理者往往都会绞尽脑汁、费尽心思地去考虑这些问题。

其实，企业中的大小事并不需要全都由领导亲力亲为。少一些管理，制定好大的发展方向，其余交给下属去完善和具体实施就可以了。

美国著名的杜邦公司第三代继承人尤金·杜邦就是个喜欢事必亲躬、大包大揽的人。他在掌管杜邦公司之后，坚持实行一种"恺撒式"的管理模式，即自己掌握绝对的控制权，公司中所有重大的决策以及细小的事情都要由他自己来决定。另外，他还亲自签订所有契约、亲自开具支票、拆信复函、决定利润分配、亲自做市场调查、亲自选用经销商……甚至每次开会时，也是他一个人在发问，别人只需要回答。

尤金这种绝对式管理，使杜邦公司的领导阶层失去了弹性，很难适应变化着的市场。在激烈的竞争面前，公司几次连遭致命的打击，逐步濒临倒闭的边缘。

同时，尤金本人也陷入了深深的矛盾中。后来，尤金终于因为体力不支而去世，他的合作伙伴最终也均因心力交瘁相继累死。

杰克·韦尔奇说过："如果团队的大部分人是在被迫前进，那么这无疑是一种失败。管理只有建立在领导之上，而不能将领导建立在管理的基础之上。"任何时候，管理和引导都是缺一不可的，单纯的管理和引导都不能发挥出作用。

如果领导终日忙得不可开交，那最好重新审视一下自己的管理手段与方法是否正确，是否需要进一步进行调整。领导若想轻松地管理企业，应遵守以下几个原则。

1. 分级管理，避免越俎代庖

公司发展到一定规模后，自然会进行分级管理，各司其职。管理者不能一竿子插到底，否则便是"出力不讨好"。对于下属的管理，领导只要明确责任和奖罚，让他们有职有权，负责相应的事务就可以了。

2. 只做一个旁观者

有时候，管理者站在一旁观看，才能真正做到"旁观者清"，才能更公正、有效地判断是非曲直，才能真正看清哪些事情是公司目前不足的，是需要改进和加强的。

3. 大事聪明，小事糊涂

作为企业的领导，必须分清事态的轻重缓急。凡是关系到公司发展和生死存亡的大事，一定要慎重对待，决不可等闲视之。对于一些鸡毛蒜皮的小事，就应该让下属部门按照分工自己去解决。

4. 管理制度不要朝令夕改

企业的管理制度在颁布之前一定要慎之又慎，即使出现一些问题时，管理者也不必手忙脚乱，更不能为了追求制度的完美而多加修改。有些事项需要无为而治，公司管理也是同样的道理，管理者越是管得细、管得严，反而就会越乱。

任何管理都应该适可而止，想让企业十全十美，是不可能实现的。

过分的追求完美，往往会适得其反。作为一名管理者，在具体的工作环境中，面对繁冗艰巨的工作任务，必须学会分清工作的主次，把无关紧要的事情放到一边，接着再排除那些对当前没有意义的工作，将全部精力集中于重大事务之上，这样才能花费最少的精力把公司管理得最好。

【修炼箴言】

无疑，独裁领导的气场十足，但却没有令人真心钦佩的魅力。久而久之，独裁者的压制管理必然会引发员工的反抗。管理应该是弹性的、灵活的，领导若能分权授之，只要做到合理，就能既获得员工的支持，又推动企业的发展。

2. 敞开胸怀，倾听员工的提议

假如员工在会议中提出了一个建议，否定了领导的决定，这建议似乎有点道理，却让领导很没有面子，这时你会怎样做？

很多领导都有一意孤行的癖好，除了自己的想法外，任何人的提议都听不进去，无论是有益的还有害的。一般情况下，当员工或他人提出意见时，这样的领导会想尽办法让对方保持沉默。这样的领导总会自我感觉良好，觉得员工就应该无条件地服从他的意见。为此，我们常常能够看到有些领导在开会时说："你们明白我说的意思了吧？那下面你们就研究一下怎样去做就好了。"其实，这时候可能没有几个员工愿意回应他。

领导常犯的最大的错误就是刚愎自用。领导是人不是神，再怎么伟大的"董事长"都不可能是三头六臂、全知全能的"超人"。而唯一能够弥补管理者能力之不足的办法，就是作风民主、集思广益，察纳雅言。

西方有句谚语挺有意思的："上帝之所以给我们两只耳朵一张嘴，就是要我们少说多听。如果我们总是张着嘴说话，我们学到的东西肯定非常有限，了解到的真相也会少得可怜。"

美国东南运输公司在世界上非常有影响力，但是这家公司在刚刚成立时，由于管理上出现了一点失误差点使公司破产，虽然这件事情及时得到了解决，可是公司不得不大量裁减人员，以此来弥补损失。

等到裁员的事情结束后，公司又开始面临着新的问题。由于员工的流动性越来越大，招聘和培训新员工的经费就要花上一大笔。当时，公司的人事主管德·凯日曼找到了董事会成员阿方索·西蒙尼说："您需要我做些什么吗？"

西蒙尼笑着说："实话告诉你，我现在也不知道该怎么办。能说说你的想法吗？"

凯日曼想了一会儿，回答说："我回去考虑一下吧。"

几天后，凯日曼来到西蒙尼的办公室说："我已经找到答案了，但是我需要你的支持。"西蒙尼点头允诺，并按照凯日曼的要求召开了一次董事会议，让公司的高层领导听听他的想法。在会议上，凯日曼对高层领导们讲述了自己的想法和从员工那里搜集到的信息。

经过凯日曼的一番陈述，高层领导们最终接受了他的意见。很快，凯日曼的建议就得到了实行。公司的流动人员大大减少了，员工也比之前工作得更有信心了。

松下幸之助曾说："我每天到办公室里第一件要做的事就是仔细看员工们又给我提了什么样的建议。"无独有偶，IBM 公司的前任 CEO 沃森也曾这样说过："我从不会因提升一个我不喜欢的人当官而犹豫。体贴入微的助理或你喜欢带着一起去钓鱼的人对你可能是个大陷阱。我反而会去找那种尖锐、挑剔、严厉、令人讨厌的人，因为他们才看得见问题的所在，也会告诉你事情的真相。如果你身边都是这样的人，如果你有足够的耐心倾听他们的忠告，你的成就是无可限量的。"

在很多企业中，领导也非常鼓励、重视员工提出建议，但是由于一些原因的存在使得员工的提议不能够很好地实行，这样不仅降低了员工提建议的积极性，还阻碍了企业创新氛围的形成。对此，管理大师给出了以下几点建议，希望帮助领导们高效地开发员工们提意见的积极性。

1. 领导应该重视员工的每一个建议

通常情况下，员工的建议大致可以分为两种，即具有可操作性的与不具有可操作性的。在这些建议中，重要的不是领导怎么对待具有可操作性的建议，而是如何对待员工提出的不具有可操作性的建议。我们经常看到这样的现象，对于员工提出的一些建议，领导会赞赏员工的态度，反对具体的建议，最后使得员工的建议石沉大海。这样做的结果就是，员工感觉自己没有得到重视之后不愿意再提建议，甚至是将自己的经历告诉其他员工，以至于其他的员工也不愿意提建议。

领导应该将不能采用员工建议的原因告诉对方，另外也可以和员工重新来探讨这个提议，找到更切实可行的建议来。这样就能保证员工会继续提建议。

2. 推行无责任制的建议制度

当员工的建议被采纳时，必然要经过一个领导层分析的过程，这其中的种种细节就不一一细说了。对于被采纳的员工建议，领导应该让员工参与到这个分析过程中来，如果可以，应该让其担任重要的角色。

对于企业来说，可能每一个改变都意味着一定的风险，领导应该避免让员工承担较大的责任，更多时候应给予鼓励和支持，帮助员工解决了后顾之忧后，也能很好地提高员工提建议的积极性。

3. 实行相应的奖励制度

员工会站在公司的立场上思考问题，同时他们也会优先考虑自己的能力。假如企业因员工的提议而得到了改善，却没有给予员工相应的奖励，这样势必会让员工对企业的形象产生疑问，降低员工的积极性，甚至还可能造成员工的流失。

因此，领导应该在企业中实行相应的奖励制度。当然，这些奖励并不一定是金钱和物质方面的，一句赞美的话也可以收到很好的效果。另外，领导在制定奖励制度时，应该遵循公平、公正的原则，此外还要表现出企业人性化管理的一面。

【修炼箴言】

要想成为一个优秀的领导，就得把你的嘴巴和耳朵一同用起来，就得有接受员工提议的宽广胸怀，懂得采纳、善于发现，是领导在交际过程中不可缺少的品质。

3. 尊重差异，不漠视分歧的领导更睿智

任何一个事物都有它的多面性，领导想要全面、客观地了解一个事物，就应该听听各方面的意见。只有做到了集思广益，才能博采众长。看到了一个事物的本质，方能找到最佳的处理方案。为此，世界管理大师无一不用"兼听则明，偏听则暗"来提醒自己，多多听取他人的意见，保证自己做出的决定是正确的。

管理大师史蒂芬·柯维凭借《高效人士的七个习惯》一书被美国《时代》周刊评为"最有影响力的 25 名美国人"之一。他曾说："假如两人意见相同，其中一人必属多余。与所见略同的人沟通，毫无益处，要有分歧才有收获。"在企业中，一个正确的决策来自于领导一个清醒的判断，而领导是否能够有一份清醒的判断，取决于领导能不能听取来自于各方面的意见。

倘若领导从来都没有考虑过不同的意见，那他的想法是非常狭隘的，做出的决策多半也是错误的。在一些民营企业中，经常看到一些领导认为自己经验丰富、能力出众，做任何决定时全凭主观臆断，最

后使得企业走向衰败，这也是为什么有些企业做不长久的原因所在。对此，毛泽东曾经说过，正确的决定绝非是从一片欢呼和掌声中做出来的。这也就是告诫我们，做决定时要听一些意见，尤其是不同的意见，尊重这之间存在的差异性，有分歧才会有进步。

世界上著名的汽车制造厂商通用汽车公司，在人类的机械制造史上有着不可替代的地位。可是，在上个世纪初时，通用汽车公司的发展却遇到了瓶颈，直到前总裁艾尔弗雷德·斯隆上任后，这一情况才有所改变。在斯隆管理通用的三十多年里，他将通用在美国汽车市场的占有率提高到了45%，取得了非常好的成绩。

对于这一切，斯隆将它归功于正确的决策。一直以来，斯隆都秉持着"听不到不同意见不决策"的理念。他曾在公司高层会议上说："各位先生，据我所知，大家对这项决策的想法完全一致。"参加会议的领导们纷纷点头表示同意。不料，斯隆语气一转，接着说："但是，我建议将这个决策的进一步讨论，放到下一次会议上进行。在这段时间里，我们都可以回去考虑一下不同的意见，唯有这样才能让我们做出的决策是正确无误的。"

同时，斯隆也说过："做任何决策都不能靠'直觉'，否则还用得着上什么商学院，直接向街头那些占卜的小贩学不就成了。"他总是不停地向中层管理者强调必须用事实来检验看法，他反对有些领导先下结论后讨论的做法。

此外，他还要求公司的所有领导在做决定时能够广泛征求下属的意见，特别是那些有不同意见的员工，因为他一直都明白"正确的决策必然是建立在对各种不同意见进行充分讨论的基础之上的"。

古诗有云："横看成岭侧成峰，远近高低各不同。"同一个问题，站在不同的角度，人的看法也会不同。对于一项决策，从领导的角度考虑是这样的，但从员工或是其他角度考虑就未必如此了。因此，领导若是一直固执己见，从不听取员工或他人的意见，那他就无法走出自己狭窄的见解范围。领导只有将员工或其他人的智慧变成自己的智慧，才能有一个全新的构想，才能使企业不断地取得进步。

从本质上来说，多方面地听取他人的意见还是交流的一个过程，而在这个交流的过程中，每个人都会观察对方的态度、行为甚至是肢体语言，这可以帮助他们判断出对方的意图，以便交流更加融洽。然而，领导在听取他人的意见时并不是这样的。在交流中，领导本身就已经处于强势地位，倘若只作为一个发言者，而员工和他人永远都扮演着倾听和观察的角色，这样的领导自然也就听不到更多的意见了。

为此，领导如果想要通过和员工的交流而获知一些信息，那就应该摒弃一些领导身上的"架子"，端正自己的态度和行为。

1. 倾听意见时，端正自己的态度

与员工或是其他人交流时，领导应从心理上克服自己是领导，认为自己应该摆出一副领导架子的习性，尽量要和对方站在同一个位置上，肯定他的诚意和能力，这样对方才敢说话、乐意说话。

2. 保证对方在阐述观点时，自己没有做出错误的行为

在听对方阐述自己的观点时，领导应该保证自己没有做出以下这些举动，例如，暗含鄙视的眼神、不耐烦的神情、欲走的姿态……此外，在与对方交流时，领导应该认真倾听对方的讲话，自己在发表言

论时，也能不苟言笑，必要时来点小幽默，使气氛更加和谐、轻松。

在交流的过程中，倘若领导能够保持良好的态度和正确的行为方式，就能够轻而易举地多听到一些意见。明白了这个道理，领导就能够把握好分寸，顾及对方的情感，这样更利于自己开展工作。

【修炼箴言】

对于同一件事，下属有不同的看法和策略是正常的。领导不能偏听偏信其一，而痛斥其他，毕竟有些结论不同，源于出发点各异，需要领导周密思考。唐太宗都能忍住怒气接受魏征的劝谏，现代企业的领导又如何不能呢？

4. 员工不停抱怨，可能要跳槽

某公司的员工抱怨得越来越强烈，整个公司仿佛都充满浓浓的硝烟味，甚至有很多员工都在私底下密谋着跳槽，员工做事的氛围也越来越淡了，大家都向泄了气的皮球一样，没有一点干劲。身为领导，你该如何解决呢？

在职场中，几乎每个领导都会遇到这样的问题，员工在你面前可能没有任何怨言，但却背后抱怨不断。爱抱怨的员工确实让每位领导头疼不已，不予以理会，又担心长此以往会"动摇军心"，理会的话却不知从何做起。对此，皮耐尔公司的总经理给出了一个很好的处理方法。

皮耐尔公司是一家生产家具材料的公司，拉德文是这家公司的总经理。从他上任开始，他就发现了一个非常严重的问题。为了更好地了解公司员工，他经常穿着工作服到车间和工人一起干活。那段时间，他听到最多的就是员工们的抱怨，有的员工抱怨说："每个月的工资少得可怜，每天还要做这么多事情，真烦！"

也有的员工抱怨说："食堂里的饭真难吃，一点都不像是给人吃的。""总是加班、加班，再加班我就要疯了。"

刚开始，拉德文并没有将这些抱怨放在心上，但之后没过多久他就发现辞职的员工越来越多了，不止是车间工人在离职，办公楼里的员工也在不停地辞职。之后，拉德文开始慢慢思考如何解决这个问题。

经过一番思考后，拉德文开始在公司里安装了一个意见箱，并宣布大家可以将自己对公司的意见和不满都投放在这个意见箱里。每个星期一，他都会在办公会上当着大家的面解决这些问题。从那天起员工的抱怨越来越少了，而离职的人员也减少了。

一年过后，公司已经变得井井有条，大家做事的积极性也提高了，公司的效益也随之增加了不少。

曾有位哲学家说过："世上没有嫌弃员工干活多的老板，也没有不抱怨的员工。"确实如此，要员工从不抱怨是不可能的。从另外一方面来讲，抱怨是员工不满的信号。若是员工一直不停地抱怨，而领导采取了一些措施仍然无效，那只能证明员工想要跳槽。为什么要跳槽呢？马云曾这样说过："员工的离职原因林林总总，只有两点最真实：第一，钱没给到位；第二，心委屈了。这些原因归根到底就一条：

干得不爽。"

"干得不爽"正是员工抱怨的原因所在，例如，有些员工可能与同事发生了矛盾，为此觉得工作实在无聊；而有些员工觉得领导一碗水没有端平，故此认为自己受到了歧视，从而抱怨连连；更有些员工觉得继续留在公司里没有什么出路，一时无法脱身，对此也会心生抱怨。

通常情况下，面对员工的抱怨，领导会采用两种办法，一种是找出抱怨的根源，然后处理掉这些让员工闹心的事情；另外一种是装作听不到、看不见，直接选择无视。虽然方法有两种，但最有效的还是前者，就像很多领导觉得员工的抱怨好像是烦人的苍蝇在叫嚣，但你应该清楚，解决这个问题的关键是打死苍蝇而不是捂住耳朵。因此，不管员工的抱怨多么令你心烦，都要勇敢地去面对。

1. 试着接受员工的抱怨

抱怨不过是一种发泄，抱怨者最需要的就是听众，而这个听众可能是他最信任的人。当你发现员工开始抱怨时，可以找一个清净、安全的环境，让他一次性抱怨个够，而你要做的就是认真地倾听。

当员工愿意在领导面前抱怨时，你的工作就已经完成了一半，因为他已经开始信任你了。

2. 尽量找到员工抱怨的原因所在

任何事情的发生都是有原因的，抱怨也一样。而能够真正地了解到抱怨的原因，才是领导正确处理员工抱怨最重要的一步。领导除了从抱怨者口中了解一些原委外，还应该从他身边的人了解一些情况。

如果是因为同事关系不睦或者是部门之间有矛盾而导致员工心生抱怨，这时领导一定要听取双方的意见，不要偏袒任何一方，尽量做到公平对待。此外，在事情没有完全了解清楚之前，领导最好不要发表任何言论，过早地表明自己的态度，只会令事情越来越难以掌控。

3. 处理抱怨时，领导最好能与员工平等沟通

美国专家调查显示，80%的员工抱怨针对的都是一些鸡毛蒜皮的小事儿，或者干脆是一些不合理的抱怨，而这全都来自于员工的习惯和过度敏感。针对这种抱怨，领导可以通过平等的沟通来解决。对此，领导应该认真听取抱怨者的抱怨，然后就抱怨者提出的问题做出认真、合理的回答。当然，对于员工那些不合理的抱怨，领导也要给予友善的批评。

另外，20%的员工抱怨需要领导做出处理，因为这可能是公司的管理或是员工的工作方法出现了问题。首先，领导在平等沟通的基础上，安抚抱怨的员工，防止抱怨的情绪扩散，然后再找出相应的对策。

4. 处理有关员工的问题时，应该果断，切勿拖拉

英国的一位企业家说："需要领导亲自处理的抱怨中有80%是因为管理混乱造成的，员工个人失职只占20%。"对此，企业的领导在规范管理制度时，最好采取公开、公正的原则。对于公司具体的管理规范，领导也应让当事人参加讨论，制定好后还要向所有员工询问意见，这样规定下来的制度才能深入人心，保证每个员工无话可说。

倘若员工抱怨是源于个人失职，那领导也要采取相应的惩罚措施，但要根据具体情况而定，不能过重也不可过轻。

总之，在面对员工抱怨时，领导要接受、要倾听，更要解决，这样才能留住员工，留住公司的有生力量。

【修炼箴言】

员工抱怨工作和领导是不可避免的，此时，堵不若疏。领导要以极大的耐心，或倾听，或解决。一个有亲和力的领导能打开员工的心结，获得对方的信赖。

5. 善于倾听，真意往往在言外

著名作家鲍威尔说："我们要聆听的是话语中的含义，而非文字。在真诚地聆听中，我们能穿透文字，发掘对方的内心。"很多领导反映，管理在很大程度上是沟通问题，80%的管理问题都是由于沟通不畅所至，其中领导与员工无法实现顺利的沟通是一个主要原因，而这一切都源于领导不善于倾听。

乔·吉拉德曾说过："倾听，你倾听得越久，对方就会越接近你。据我观察，有些推销员喜欢喋喋不休。上帝为何给我们两只耳朵一张嘴？我想，意思就是让我们多听少说！"乔·吉拉德这样深刻的认识，是从一位顾客身上学到的。

有一次，乔·吉拉德已经说服了某位顾客购买他推销的车，只剩下签合同这一环节了。当两个人一起走进办公室时，顾客非常骄傲地说："乔，我的儿子马上就要当医生了。"乔·吉拉德看了看手中的合同，还没来得及回答，就听见顾客继续说道："怎么样？我的儿子很聪明吧。其实，他在非常小的时候，我就发现了他是个聪明的孩子。"

乔勉强地笑着说："这样看来，他的成绩应该不错吧。"

"当然了，他的成绩是全班最棒的。"顾客接着说，"等到他毕业后，我会马上送他上最好的医学院。"

"哦，你儿子实在太幸福了。"乔敷衍地说道。

当乔说完这句话时，那位顾客突然说道："对不起，我该走了。"然后就真的头也不回地离开了。

下班后，乔给那位顾客打电话问她什么时候来签合约，但那位顾客却告诉乔，她已经从其他地方买了一辆车，她说她是从一个非常欣赏、赞赏她的推销员那里买的。最后她还告诉乔："你不知道，当我提到我儿子时，他是那么认真地在听……"

这时，乔明白了自己做错了什么，也清楚了自己犯下了一个多么不可饶恕的错误。

成功的领导大多善于倾听。当然，他们在倾听的过程中，并不是"左耳进，右耳出"，而是用心在倾听。在这个过程中，聪明的领导会不断搜集对方的兴趣爱好，了解对方的脾气禀性，然后适时地提出一些较为中肯的意见。这样不仅赢得了对方的好感，还有可能会因此而得到他人的赞同和尊敬。

例如，员工做错了事，你发现了非常生气，可以说"谁让你这样做的！"员工一听便清楚你生气了，但他们也会说："对不起，我刚才忘记了怎么做，便私自按照自己的意思去做了，实在对不起，以后遇到这种事情，我会多向您请示的。"简单的一句话既没有直接说他做错了事情，又为自己在同事面前挽回了面子，同时还帮你树立了威严。他说他忘记了你的指示，就是弦外之音，意思是他错了，并希望能够得到你的原谅。

中层领导在与上司谈话时更应该注意，一般高层领导的语言往往都别具深意，例如，你应聘到一家公司做部门主管，总经理在和你谈话时，会说："刚来这个公司，以后你有什么打算呐？"如此简单的一句问话，却道出了总经理的真正意图，是在考察你工作时的心态。假如这时你很坦诚地说出自己的理想和志向，总经理一定会认为你过于幼稚，缺乏社会经验；如果你说了一堆与公司一点关系都没有的事业理想，那总经理又会觉得你不会踏实地在这个公司工作，以后有了机会一定会跳槽，根本不会长留在这个公司……

由此可以看出，倾听是交流的前提，有效的倾听则是沟通的桥梁，只有善于倾听，才能精准地了解对方的意思，揣摩出对方话里话外的意思，从而做到对症下药，说出别人爱听的话。在有效的倾听中，领导应该怎么做呢？

1. 倾听时，集中自己的注意力

不集中注意力的倾听和没有倾听是毫无差别的。因此，领导在倾听的过程中一定要集中自己的注意力，假如时间不允许，或是由于其他原因而使你不想听对方继续下去，这时你最好客气地说："对不起，我很愿意听你继续说下去，但我必须要去工作了。"

假如你不愿意听却又勉强自己去听，或是假装在听，这样你会无意识地开小差，例如，一边听对方说，一边翻看手中的文件，或是时不时地看看手表。也许你自己都没有意识到这些，但你的这些动作都逃不过对方的眼睛，这样只会让对方认为你是个没有礼貌、目中无人的领导。

2. 倾听时，有点耐心

在倾听的过程中，领导应该多点耐心，要等对方把所有的话说完，再发表自己的见解。很多时候，有的人语言表达得会很混乱，但你也应该有足够的耐心，直到他把话说完。

如果遇到了你不能接受的观点，或是对方说了伤害你情感的一些话，你也要耐心地听完。这个时候，你不一定要赞同对方的观点，表示理解就可以了。无论怎样，都要耐着性子让对方把话说完，否则也就无法达到倾听的目的了。

3. 倾听时，需要适时地鼓励对方

倾听时应该面对说话者，静静地、认真地倾听。眼睛要时刻盯着对方的眼睛或是他所做出的动作，充分地理解说话人表达的意思。

同时，领导也可用简短的语言来鼓励对方继续说下去，例如，"对"、"是的"、"我也是这样想的"等，必要时也可以采用一些肢体语言辅助表达，例如，点头、微笑等。领导一定要让对方感觉到，你是在听他说话，而且也明白了他所讲的意思。

4. 避免一些不恰当的举止

领导应该避免一些不恰当的举止，例如，听对方说话时，玩弄手中的笔、指甲；不时地看着手表；有意无意地看向窗外，或是其他地方……这样都会给人一种不受重视、你急着要结束这场谈话的感觉。

总之，领导只有善于倾听，才能了解对方的言外之意。如果不想做一个愚蠢的领导，就应该学聪明点，在交际中学会用耳朵来"说话"。

【修炼箴言】

雄辩是银，倾听是金。一个善于倾听的领导，在下属心中是一个有耐心、善解人意、有同情心的人，而这样的人往往具有一种魅力，总能让人说真心话。

6. 不耻下问，这样的领导更得民心

由于传统的尊卑之说，大多数领导认为向下属请教是件非常丢脸的事情。古语有云："不耻下问"，意思是不以向地位、学识低的人请教为耻辱。《史记·淮阴侯列传》也记载着"智者千虑，必有一失；愚者千虑，必有一得"之语，"下者"并不是时时都处"下"，某些时候、某些方面都会高出"上者"很多。

古代很多当权者都拥有宽大的心胸，勇于向学识丰富的下属学习求教。

汉高祖刘邦不仅要求他人做到"宜慎勉，莫自满"，自己也做出了表率。虽然，他贵为一国之君，可他一直都将自己看作是一个"学生"。

大家都知道在刘邦的军营中，张良是最为重要的。起义时刘邦的不畏强暴、不怕挫折、始终坚持抗秦的精神，让张良非常佩服，便主动辅佐刘邦。张良这个人办事较为尽心，每当在战斗的空闲时间里，他都会给刘邦讲《太公兵法》里的内容。

让张良惊奇的是，刘邦能够虚心向自己请教他不懂的地方，而且能将枯燥的《太公兵法》听得津津有味，很多人都不明白其中的奥妙，但刘邦却不同，他会思考同时还会提出疑问。更为难得的是，在很多场战役中，刘邦能够将《太公兵法》灵活地运用，张良曾这样感慨过："沛公殆天授！"

优秀的员工是企业的一种财富，可能他从未从事过管理工作，待遇和地位也没有领导优厚，但他们的确有才华，能在自己的岗位上为企业做出贡献。企业不仅需要这样的员工，领导还应该利用他们的知识、特长为自己所用。

丰田的成本管理技术可谓是世上最先进的管理技术了，世界上很多重工业公司都竞相借鉴采用。就连美国通用汽车公司都是丰田的学生。身为这一技术创造团队的直接领导，丰田喜一郎一直被人们称为"管理界的神话"。

能够带领团队创造出这样辉煌的成绩，除了丰田喜一郎具有刻苦的钻研精神和天赋的管理头脑外，还得益于他谦逊和好学的品格。

丰田喜一郎成名后，常常被邀请到世界各地演讲。有一名翻译兼秘书的人专门帮他准备和整理演讲素材、写演讲稿。这个人也是丰田公司的一名员工，后来他回忆说："几乎每次演讲前，丰田先生都会仔细地批注并认真地准备和练习。虽然他每次演讲都非常成功，但每次演讲结束后，他都会和我交流，经常问我'今天我哪里讲得不好，哪里出了错误？'。"

这并不是丰田喜一郎故作姿态，他经常会拿着小本子仔细地将不足之处记下来，并在下次演讲的过程中努力改掉。

领导对待工作，就应该像丰田喜一郎这样谦虚，及时向员工询问自己的短处，并努力改之。能够和员工坐下来一起讨论问题，并虚心求教的领导，员工更喜欢，相比那些高高在上、目中无人的领导，你会得到更多的拥护。不过在向员工请教问题时，领导应注意以下几点。

1. 自己不明白，一定要向员工请教

不明白就是不明白，不能装明白，装明白更容易闹出笑话，那时就真的丢面子了。特别是当国内经济与国际经济接轨后，领导会面临很多新情况、新问题，有许多新的知识也需要领导去学习。

可是，管理者不可能十八般武艺样样精通，这就更需要领导借助下属的力量。为此，在遇到自己不清楚、不明白的地方，领导除了刻苦学习外，还要虚心向下属请教，向一些懂行的人请教，这样一定会收到事半功倍的效果。在交际学中有这样一条定律：向他人请教，是博得他人欢心的最好的方法，因为人人都有好为人师的本性。

这样看来，虚心向员工请教不仅能够丰富自己的知识，还能博得他人的好感，何乐而不为呢？

2. 越是碰到难题，领导越要向员工请教

管理并非是一帆风顺的，领导遇到棘手的问题也是常有的事情。

在这种情况下，有些管理者片面地认为，自己解决不了的事情下属也未必能解决，与其这样浪费时间还不如自己想办法。领导会这样想的根源是将下属看作了平庸之辈，觉得下属的见识远不如自己，为此不愿意向下属求教。

俗话说："一个篱笆三个桩，一个好汉三个帮"、"三个臭皮匠，赛过诸葛亮"。越是困难时，领导就越要得到下属的大力支持和齐心合作，这个时候如果领导能虚心地向下属请教，下属就会表现出前所未有的热情和干劲，想尽一切办法帮你排忧解难。如此一来，即使下属最后没有帮上你的忙，但同舟共济、患难与共的种子已经深埋在每个下属的心中，这对协调上下级关系是非常有利的。

3. 认为自己没错时，更要向下属请教

对于自己"吃不准"、"没把握"的事情，向下属请教是容易的，但若是让领导在认为自己是正确的时候再向下属请教，那就是一件非常困难的事情了。事实上，在领导自认为正确、觉得不需要征询下属的意见时，其想法往往都是错误的，假如事先没做过调查研究，单纯地凭借自己的经验作决定，那出错的概率就更大了。所以，即使在正确的时候，领导也要向下属虚心请教。

【修炼箴言】

不懂装懂的领导往往被人看不起。我们常说"闻道有先后，术业有专攻"，领导若是在某方面不专不能，不妨求教于有能力的下属。这不会损害领导的威严，只会让领导更贴近员工。

7. 敢于提反对意见，才是真心为你好

　　某公司的总裁带着 10 个销售精英爬长城。当时是下午三点，老总兴致勃勃地提议比赛，看谁能够爬上长城的最高点。这时其中一个员工说："爬到最高处，最快也要两个小时，再返回来就太晚了，回去就不好叫车了。"总裁听后非常生气，吼道："不喜欢，你可以待在这里，别扫我们的兴致。"其他员工个个都是察言观色的高手，一阵溜须拍马后，欢呼着向上爬去。最后，由于大家爬长城爬得很累，回来时走得都很慢，到了长城底下时已经晚上八点了，那个时间段已经很难再叫到车了，于是大家只好在农家院里住了一夜。

　　人人都喜欢听赞美、附和的声音，这是人的本性。但是，那些令人虚荣心高涨的夸奖、表扬、赞美却是有损无益的，只会令领导心生自满、自负，在众多的附和中迷失了自我，无法正确、客观地评价自己。

　　相反，听到别人有反对意见而不怒，还能冷静地思考反对意见的领导，往往能做出正确的决策。

　　三国时期，袁绍不仅士兵、谋士多，粮草还丰足，适合守而非攻。曹操拥兵自重，却缺少粮草，应该速战速决。袁绍起兵攻打曹操，谋士田丰极力反对，不止一次上书劝谏袁绍，却被一意孤行的袁绍关入

大牢。

后来，袁绍失败，损失了好多士兵和粮草，这时他非常痛恨自己没有听取田丰的意见，甚至还会觉得自己无颜再见田丰。这时袁绍帐下的另外一名谋士逢纪乘机进谗言，袁绍因听取了小人的谗言，狠心地杀害了田丰。

据说，田丰在牢狱中，看守牢房的士兵曾恭喜他，说："这次将军大败而回，一定会重用你的。"听到这样的话，丰田并没有觉得很开心，反而苦笑着说："将军外宽内忌，不念忠诚。如胜而高兴，兴许还能赦免我；如今战败而归，我已经不希望能活着出去了。"果然不出田丰所料，不久袁绍就派使者来杀田丰，最后田丰拔剑自刎。

曹操在处理反对意见时，采取的却是另外一种态度。刚刚平定河北后，曹操又与自己的谋士商量攻击乌桓，这时曹洪等人纷纷提出了反对意见。曹操不顾曹洪等人的反对意见，历经千辛万苦才好不容易攻破了乌桓。

回到了易州，曹操重赏了曾提出反对意见的曹洪等人，并对众人说："我这次远征之所以能够成功全是侥幸，当初冒死提出反对意见的人，才是真心为我好，应该给予赏赐，以后你们可以多多提意见。"

正确的决定常常来源于不同意见的融合，尤其是反对的意见。假如一个领导能够听取反对意见，从不同的角度去思考、分析问题，这样就不会出现以点盖全的错误，可以正确、全面地做出决定，从而规避一些不必要的风险，减少企业的损失。

三峡工程竣工后，负责人之一的蒲海清接受采访时曾说："要感谢曾经反对过三峡工程的人，他们的质疑，使我们在设计和施工建设当中解决了很多过去没有想到的问题，所以才有今天圆满的结果。"

"千人之诺诺，不如一士之谔谔。"能够提出反对意见的人，必然有他的可取之处。商界的管理大师认为，应该鼓励那些敢于提出反对意见的人，曾有位企业家这样说过："只要有不同意见的存在，就应该认真听取，展开讨论，吸收正确的，驳倒错误的，使自己的决策更加完美。驳倒错误意见的过程，也就是使自己意见更加完整的过程。在一个企业中，那些敢于提出反对意见的人，往往才是真心对你好的人。"

了解到这一点，领导在面对反对意见时就能摆正心态。心态摆正了，自然能够接纳那些反对的意见，并让反对意见为自己所用，变"坏事"为"好事"。但是在这个过程中，领导应注意以下几点。

1. 让那些持有反对意见的员工将话说出来

若是一个决定中途出现了反对意见，这时领导与反对者的沟通就显得非常重要，当然领导也可借机提升自己的领导力。对此，领导可以找个时间与反对者聊聊天。

那些反对者想要将自己的意见传达到领导那里，需要有很大的勇气。领导应该鼓励下属来向自己提反对意见，并为他们创造条件，无论他们所提的反对意见是否有用，都要尽量让他们把想法说出来。

2. 听到反对意见后，领导要学会冷静，接下来再分析

很多领导在听到反对意见时，常常不分青红皂白地反驳。其实，这样的做法是愚蠢的，这样主观的批判，不仅无法解决问题，还可能会伤害了对方的情感，最后问题没解决，还为自己引来了更大的麻烦。

为此，听到反对的意见时，领导要使自己冷静下来，认真地思考过后，再来分析反对者的提议是否合理。

3. 学会反省自己，尽量从自己身上找原因

不管反对者的意见是针对谁，一定都会有他反对的理由，谁也不会平白无故地去否定他人，更不用说是领导了。所以，听到反对意见后，领导应该及时地反省自己，从自己身上找到问题所在，做到"有则改之，无则加勉。"

反思，是领导在交际场上良好素质的体现，这也是人们常常说的"要想管好别人，一定要先管好自己"。这样可以使领导让反对者产生"对事不对人"想法，从而愿意继续提出更多的意见。

【修炼箴言】
认真倾听反对者的意见，做到虚心接受，并及时改正自己错误的做法，不仅有利于领导做决策，还能提升领导在交际场中的形象，吸引更多的人才为自己所用。

第四章

赞美有道，表扬下属的说话艺术

领导与下属之间并不是"猫和老鼠"的关系。理想的状态是让下属个个保持旺盛的斗志和愉快的心情，因此，对下属进行适度的表扬是必不可少的。没有哪个下属一开始就存心要和上司作对，当下属努力完成了一件任务时，一定不要吝惜你的表扬；当下属打不开局面时，也要适当表扬他的闪光之处，这些表扬会让你得到意想不到的收获。

1. 赞扬是对下属最好的鼓励

社会中的大多数人都在某一个单位或某一个群体中兢兢业业地工作，每个人都非常在乎上司对自己的评价，上司的赞扬是对下属最好的奖赏。所以，作为领导者的你要学会赞扬你的下属，这样就会激励他们更加努力地工作，当然受益最大的还是作为领导者的你了。

美国著名企业家玫琳·凯曾经说："对于下属，最强有力的肯定方式是不需要花钱的，那就是赞扬。我们都应该尽可能随时称赞别人，这犹如甘霖降在久旱的花木上的反应。"

的确，赞扬下属是教导下属、鼓励下属、调动其积极性的一项重要技巧。拿破仑时期，获得战功的士兵会得到一枚皇帝颁发的勋章，许多战士为这一荣誉出生入死，英勇战斗。连拿破仑都感到惊讶："这真奇怪，人们竟然肯为这些破铜烂铁去拼命。"

赞扬下属要以事实为依据，本着公正的原则。作为领导者，还应该放下架子，巧妙地把下属推到中心位置上，这样才能感动下属。

赞扬下属不能让人听了感到突兀，更不能不分场合地胡乱夸奖，一位优秀的领导者，要能够在不同的场合，选择不同的话来关心、体贴下属，这无疑是对下属最高的赞扬，会收到较好的效果。那么怎样才能成功地赞扬下属呢？

1. 抓住不同时机称赞

（1）在下属生日时说些祝贺的话

现代人都习惯祝贺生日，生日这一天，一般都是家人或知心朋友在一起庆祝，聪明的领导则会"见缝插针"，使自己成为庆祝仪式中的一员，并在祝贺的同时自然而然地夸奖部下，例如，某电视台的老张是一名老编辑，总是默默无闻、勤勤恳恳地工作，在他生日时，全室人员为他庆祝，新闻中心主任在祝语中是这样说的："老张多年来默默无闻、勤勤恳恳地工作，甘于奉献，却从不争荣誉、要功劳。今天是你的生日，我代表全体员工向你表示祝贺，并送上大蛋糕一个。"主任的一番话让老张很感动，他感到这是领导对自己的肯定。有些领导惯用此招，每次赞扬都能给下属留下难忘的印象。或许下属当时体味不出来，而一旦换了领导，有了差异，他自然而然地会想到你。

（2）在下属生病时，说些安慰的话

一位普普通通的下属生病了，他的领导亲自去探望时，说出了心里话："平时你在的时候感觉不出来你做了多少贡献，现在没有你在岗位上，就感觉工作没了头绪，慌了手脚。你一定要安心把病养好，我们都盼着你早点回去呢！"

有的领导就不重视探望下属，其实下属此时是"身在曹营心在汉"，虽然在养病，却惦记着领导是否会来看看自己。领导的到来，对他来讲简直不亚于一剂良药，如果领导不来，他不免嘀咕："平时我那么努力他只会没心没肺地假装表扬一番，现在我都病成这样了，他也不放在心上，真是卸磨杀驴，没良心的家伙！"

（3）与下属交谈时要多关心他们

家庭幸福和睦、生活宽松富裕无疑是下属干好工作的保障。如果下属家里出了事情，或者生活很拮据，领导却视而不见，那么对下属再好的赞扬也无异于假惺惺。

有一个文化公司，职员和领导不是单身汉就是家在外地，就是这些人凭满腔热情和辛勤的努力把公司经营得红红火火。该公司的领导很高兴也很满意，但他们没有局限于滔滔不绝、唾沫横飞的口头表扬，而是在交谈中了解职工的生活困难。当领导了解到职工们存在没有条件自己做饭，吃饭很不方便的困难时，就自办了一个小食堂，解决了职工吃饭的难题。

当职工们吃着公司小食堂美味的饭菜时，能不意识到这是领导为他们着想吗？能不感激领导的爱护和关心吗？

（4）充分利用欢迎和送别的机会

下属工作调动是经常碰到的事情，粗心的领导总认为不就是来个新手或走个老部下吗？来去自由，愿来就来，愿走就走。这种思想是很不可取的。

善于体贴和关心下属的领导与"口头巨人式"领导的做法截然不同。当下属来报到上班的第一天，"口头巨人式"领导也会过来招呼一下："小陈，你是××大学的高材生，来我们这里亏待不了你，好好把办公用具收拾一下准备工作！"

而聪明的领导则会悄悄地把新下属的办公桌椅和其他用具收拾好，而后才说："小陈，大家很欢迎你这个大学生来和我们同甘共苦，办公用品都给你准备齐了，你看看还需要什么尽管提出来。"这样说会令新来的下属充满感激之情，觉得在这样的领导手下工作很舒心。

2. 赞扬下属要注意以下几点。

（1）要控制住其他人的嫉妒情绪。

（2）要有理有据，让人心服口服。

（3）要有诚意。

（4）要机会均等。

上司的赞扬是下属工作的精神动力，可以对下属起到激励的作用，但在具体操作上要掌握技巧。

3. 赞扬下属的几个小技巧

（1）有明确指代和理由的赞扬

如："老李，今天下午你处理顾客退房问题的方式非常恰当。"这种赞扬是你对他才能的认可。

赞扬时若能说出理由，可以使对方领会到你的赞扬是真诚的。如："小张，你今天的辛劳没有白费，你为公司争来了一笔生意，我代表公司感谢你，你现在是我们部门的业务骨干了。"

（2）对事不对人的赞扬

对事不对人的赞扬可以增强对方的成就感。如："你今天在会议上提出的维护宾馆声誉的意见很有见地。"这种称赞比较客观，容易被对方接受，同时也使对方感到领导对他的赞扬是真诚的。

（3）随时赞扬，语气明确

该赞扬的时候即赞扬，而且赞扬中不要夹杂批评的语言，这种赞扬与"趁热打铁"同理，易被对方接受，起到鼓励的作用。

（4）充分肯定下属付出的劳动

某报社采编部主任老刘很善于适时赞扬下属们。他知道，赞扬的力量是巨大的，称赞可以激励下属们不断努力、再创佳绩。

记者小高在一次竞赛中获得年度新闻稿件一等奖。拿回证书后，老刘立即给予了小高较高的评价："小高，不错。你的那篇稿子我拜读过，文笔流畅，观点突出。好好努力，你会很有发展的。"

这种赞扬使下属认识到了自己的价值，从而对自己充满信心，同时还使下属领会到领导对自己付出的劳动和心血的一种肯定，产生"知己感"。

【修炼箴言】

对于领导来说：赞扬下属不需要冒多少风险，更不需要花费多少本钱或代价，却能很容易地满足一个人的荣誉感和成就感，从而作为一种动力激励下属努力工作，那么聪明的领导何乐而不为呢？

2. 表扬下属的基本原则

在现实生活中，我们经常会遇到这种领导，他们明知下属有成绩和优点，却很少表扬。其实，表扬不但能使上下级谈话时气氛更加活跃，增强领导者与下属的感情，更可以在一定程度上满足下属在荣誉和成就方面的欲望，以使其发挥更大的积极性。

但是，表扬也是要讲究原则的，否则会让下属感觉你是虚情假意、逢场作戏，使表扬失去应有的作用。

1. 表扬的内容要具体

表扬本来是激发工作热情的一种有效方法，但运用不适宜就会使下属反感。因此，领导者在谈话中表扬下属时应斟酌词句，要明确具体。比如，有些领导表扬下属时使用这样含糊的评价："你工作得很好"，其实，以这种方式表扬是毫无用处的，因为他们没有明确赞扬评价的原因。一般来说，用语越是具体，表扬的有效性就越高，因为下属会因此认为你对他很了解，对他的长处和成就非常尊重。

2. 表扬要实事求是

领导对下属的表扬是对其工作的肯定和认可，对于激励下属、树立领导威信具有不可替代的重要意义，领导首先要明辨是非，善别良莠，将自己的表扬建立在事实根据的基础上。这样，"铁证"如山，大家才能心服口服，自觉效仿，使上下级之间、同级之间的关系保持和谐、团结。

对于一位领导来说，要做到实事求是、以功行赏，首先必须掌握公正这一原则。不管是谁，只要他出色地完成了一项工作甚至仅仅提供了一条创意的思路，都应该受到表扬。领导一定要坚持表扬的无私性，只有这样，才能充分发挥表扬的效力。

3. 表扬要抓住时机

在与下属的谈话中，要把握住有利时机云表扬对方，其效果会事半功倍，而失掉有利时机，其效果只能是事倍功半。一般说来，下属开始为某项工作努力时，就应在开头予以表扬，这是一种鼓励；在工作的进行过程中，领导也应该抓紧时机再次表扬，最好选在他刚刚取得一点成就的时候约谈一次，这样有助于下属趁热打铁，再接再厉。另外，不要忘记，当他的工作告一段落并取得一定的成绩时，下属期望得到总结性的公开表扬。

4. 表扬要放下架子

领导放下架子，可以把自己置于次要的位置，突出自己的下属，表达自己对下属的赞扬之情。陈（毅）、粟（裕）大军在孟良崮战役中消灭了蒋介石的王牌师后，名声大振。一次，毛泽东见到粟裕时，幽默地说："孟良崮战役打得好，打得很突然，有两个人没想到，你猜猜是谁？"粟裕先猜了一个说："蒋介石没想到？"毛泽东说："对，另一个是谁？"粟裕又猜了几个，毛泽东都说不对。望着粟裕大惑不解的样子，毛泽东爽朗地笑道："另一个人就是我。"毛泽东先是作为上级领导，对陈、粟的孟良崮之役做了一般性评价，然后话锋一转，用巧妙的问话和回答，突出强调了陈、粟战略战术的高妙之处。他巧妙地把自己的下属推到镜头的中心位置，而自己则留在角落里鼓掌，这既表现了他对陈、粟战绩的高度评价，更使人体味到毛泽东同下属之间随和、融洽的关系。在这里，他把自己摆在相对于下属的次要位置，使自己的表扬实实在在、发自肺腑，哪位部下能不为之动容呢？

5. 表扬要有实际行动

许多领导都会犯这样的错误，就是把口头表扬作为经常的廉价奖赏，不冷不热地随便抛给下属。在很多下属看来，这样的表扬无异于哄小孩，有还不如没有。

【修炼箴言】

领导对下属的长处和优点表示赏识和肯定，仅凭几句表扬的话是远远不够的，还要实际行动，也就是要求领导要关心和体贴下属，让人觉得他在充分地表达对人才的尊重和爱护。

3. 给下属"戴高帽"的说话技巧

"戴高帽"是一句俗语，源出唐代李延寿《北史熊安生传》。北朝有个儒生叫宗道晖，这个人喜欢戴高翅大帽子，穿厚底大鞋子。当州官司或州将第一次来时，他就这样穿戴着去谒见，谒见时仰着头举起肘，在厚底鞋上拜了又拜，拜时还自言自语地说："学士可以比得上三公。"后人据《通俗篇·服饰》记载："今谓虚自张大冀人誉已者，日'好戴高帽子'，盖因乎此。"即是说，自比以后，凡是受人恭维或恭维别人，都称之为"戴高帽"。

"戴高帽"好不好？不能一概而论，要作具体分析。日本有句格言："如果给猪戴高帽，猪也会爬树。"这话听起来不雅，不过多少也能证明这样一个道理：当一个人的才能得到他人的赞扬、鼓励的时候，他就会产生一种发挥更大才能的欲望和力量。

身为管理者的领导者，如果能恰到好处地给下属戴一戴高帽，能给改善与下属的关系带来意想不到的好处，有力地赢得下属的好感和信任。更重要的是，它能给那些不太自信的下属以极大的激励，让他们精神百倍、自信满满地去完成领导交给他们的任务。

玫琳·凯所经营的美容、化妆品公司在全世界都享有盛誉。在玫琳·凯所提倡的以人为本的管理方式中，就提到了"戴高帽"的语言艺术。有一次，一个新来的业务员在跑业务屡遭失败后，对自己的营

97

销技能几乎丧失了所有信心。玫琳·凯得知此事后，找到这位业务员并对他说："听你前任老板提起你，说你是一个很有闯劲的小伙子。他还认为把你放走是他们公司的一个不小损失呢……"这一番话，把小伙子心头那快熄灭的希望之火又重新点燃了。果然这位小伙子在冷静地对市场进行研究分析后，终于给自己的营销工作打开了局面，获得了成功。

其实玫琳·凯根本就没有与小伙子的前任老板谈过话，甚至根本就不认识小伙子的前任老板，但这顶"高帽子"却神奇地让这位业务员找回了自尊与丢失的自信。为了捍卫荣誉与尊严，他终于背水一战，做了最后的一搏，最终以再次的成功增强了自己的信心。

"戴高帽"确实有神奇的功效，但"戴高帽"也要讲技巧，要讲究方法。

"戴高帽"要有度，不要夸大其词，过度的不切实际的高帽只会起到适得其反的效果。若是下属对电脑业并不是特别了解，你却对他说："听说你对电脑有研究，你能给我谈谈近期电脑业的发展状况吗？"他心里一定会非常反感，认为你是在揭他的短。

高帽也可用间接的方式给下属戴。如果你是新走马上任的领导者，对你的一位下属说："我听说，你这个人人缘很好，爱交际，做事稳重，今后还要继续努力，咱们一起为部门出力。"下属心里一定觉得甜甜的，即使他并不如你口中所说得那么好，但他一定会朝着你所说的那个方向努力。

采取新颖的形式——"戴高帽"。如果一个领导者，一再提及一个下属，对他是一种莫大的鼓励和恭维，提起某人以前讲过的事，也是对他的一种激励，因为这表示你认真听过他讲的话，并牢记在心。

【修炼箴言】

领导者在管理中给下属"戴高帽"并不是那种不切实际的夸大，在某种程度上，若是能巧用高帽子，定能让你的下属重新重视自己，树立一个自信的新我。

4. 巧用"激将法"有奇效

我们经常会在某些刊物上看到这样的故事：某位成功人士在回忆自己的成长经历时充满深情地提到以前的某位老师，很有感慨地说如果没有老师当年讲的话，可能就没有今天。人们在心里暗自猜想：老师当年讲的可能是很深情、很有鼓动性的话吧，哪知事实往往出乎意料。

成功人士说：自己从小调皮捣蛋，无心学习，整天打架……总之是劣习成性，没有哪个老师能把他驯服。后来有位老师当了他的班主任，在一次他把邻班同学的头打破以后，老师怒气冲冲地对他说："我看你确实是扶不起来的阿斗，没有什么出息了，如果你以后能有点出息，那真是太阳从西边出来了。我把手指头剁了也不相信你能干出点什么……"

他说老师的话对年少的他刺激很大，他没想到老师会从心底里瞧不起他，认为他不会有出息。于是，他决心改掉所有的劣习，好好学习……最后，他终于成功了。那时，他才明白老师话中真正的含义。

这是使用"激将法"的一个典型的例子，抓住被激励者的心理，狠狠地泼他一盆冷水，打击一下他的情绪，这样他会在愤怒之下迸发出更多的力量，这其实也是一种激励。

三国时期的诸葛亮就十分善于运用激将法：在马超率兵来犯时，张飞请令出战，诸葛亮却故意说："马超家世代簪缨，马超勇猛无比，在渭水把曹操杀得大败，看来只有调回关羽来才行。"这一下激恼了张飞，他立下军令状，出战马超，最终使马超投降，诸葛亮的激将法起了重要的作用。

作为领导者，与基层员工接触的机会非常多。有时，你会发现某位工作杰出的员工，因为多次出色地完成任务而沾沾自喜，甚至有点飘飘然了，无论对上司，还是对同事都不甚礼貌，这时，你就应该适当地"激"他一下，对他说："我觉得和你一块工作的小李挺出色的，上次你完成的任务也有他一份功劳吧。你可得加紧努力啊……"

这样，他会感觉到身边的压力，从而收敛自己的得意情绪，并且会更加投入地工作。当然，使用"激将法"还要视员工的态度和他的心理承受能力而定。否则，如果员工的心理承受能力较差，你的激将法不但无法收到预期的效果，甚至会让他一蹶不振。

那么，怎样把握"激将法"的语言技巧呢？不妨注意下面几点。

有些员工精力充沛，没有压力，很容易满足现状，不思进取，工作也没有什么出色的记录。对于这种人，你就应该经常激激他，并且把一些重要的工作交给他。这时你可以这样对他说：

"小王，这项工作只能交给你了，我知道你平时工作记录不是很出色，但是没办法，公司现在实在没人手，我希望你能尽心尽力地完成它……"

听完这话后，小王肯定会有种不舒服感，甚至会有不服气的感觉，心里会想：凭什么说我工作不出色呢？我要让你看看！这样，他会把怒气转化为工作的力量，全心全意地去工作……所以，你不仅用他的过剩精力来提高了效率，而且也让他在出色完成工作后有种成就感，从而更加热爱他的工作，这也是评价员工工作的一种技巧。

有些员工虽然很有才华，但是有些自卑感，总怕自己干不好，这时你若狠狠打击他，会让他更加怀疑自己的能力，所以你采取行动时不要太鲁莽，要讲究方法。

对待这种员工，要采取"唱双簧"的方式，找个人配合，一个唱黑脸，一个唱白脸，一搭一唱，效果会很好。

打个比方，作为管理者的你要斥责一名年轻的员工，你唱的是黑脸，你应该对员工强悍一点，严厉一些，然后由你的助理——"白脸"上场，也就是你训斥后让助理去找他，让你的助理扮演一个和善的角色，告诉他："其实领导是想用'激将法'激励你，说实在的，他挺欣赏你的，一直希望你……"

这样，员工会感觉到你对他的期望，心里不免有点高兴，同时也领悟到你给他的压力，所以会很认真地更加自信地工作，那样，效果自然是出奇得好了。

在这种场合，应该是"白脸"唱主角，但千万要注意唱"白脸"的助理是否可靠，绝对不能让他夸大其辞，信口开河甚至在后面说你的坏话，否则后果是难以想象的。

【修炼箴言】

适当地对你的下属使用"激将法"，你会发现他们的工作效果会更好。

5. 表扬困境中下属的艺术

《战国策》中记载了这样一个故事：中山国国君宴请臣子，有个大夫司马子期在座，只有他未分得羊肉羹。司马子期一怒之下劝说楚王攻打中山国。中山君被迫逃走，这时他发现，有两个人拿着戈跟在他后面，寸步不离地保护他。中山君回头问这两个人说："你们是干什么的？"两人回答说："我们奉父亲之命誓死保护大王。"中山君很奇怪，问道："你们的父亲是谁？"两人回答说："大王您可能忘记了，我们的父亲有一次快饿死了，您把一碗饭给他吃，救活了他。父亲临终时嘱咐我们：'中山君如果有难，你们一定要尽全力报效他。'所以我们拼死来保护您。"中山君感慨地仰天而叹："给予，不在于多少，而在于当别人困难时；怨恨，不在于深浅，而在于恰恰损害了别人的心。我因为一杯羊肉羹而逃亡国外，也因一碗饭得到两个愿意为自己效力的勇士"。

中山君的话说明了一个深刻的道理，就是给予困境中的人胜于给予那些衣食温饱的人，对待下属也不例外。对于那些功成名就，屡次获奖的下属而言，再多一次表扬也不会产生太大的作用，而对于身处困境中的下属，这种表扬很可能就是人生的转折点，意义非常。

倪萍刚从山东调到中央电视台时，领导决定把主持《综艺大观》这一重头戏交给她。当时，杨澜主持的《正大综艺》风头正劲，受到一致好评，这给了倪萍极大的压力。当时的倪萍刚从山东话剧院调入北京，还从来没有主持综艺节目的经验，所以她对自己根本没有信心，更没把握。而《综艺大观》可以说是倪萍来中央电视台后打的第一仗，它与倪萍的前途可以说是一荣俱荣，一损俱损。倪萍必须背水一战，无退路可言。

在拍摄时倪萍惴惴不安，不知所措。这一切被导演看在眼里，他走过来，对倪萍说："别紧张，你有这个能力。你仔细想想自己的工作经历：毕业于山东艺术学院，演了好几年的话剧，还拍过那么多的电影和电视剧，这些应该给你积累了不错的舞台感觉。可以说，你早已懂得了如何与观众交流，心里清楚摄像机的方位和镜头的位置。而且，在此以前，你不是曾经主持了一段时间《人与人》的专题片吗？"

倪萍听到这里，心情稍微平静了一些。导演又接着表扬倪萍说："你知道吧？就在你主持《人与人》专题片时，就有人说你真上镜，台词说得好。这个倪萍，将来准出名，弄不好还出大名。"

导演的这番表扬让倪萍重新恢复了自信，觉得眼前的一切其实算不了什么，自己应该有能力胜任眼前的工作，她要做出个样子来给大家看看。

此后，倪萍信心十足地闯过了第一关，圆满完成了她的主持任务。同时，她也红遍了大江南北，成为中华大地上家喻户晓的知名主持人。

每个人的工作都不可能是一帆风顺的，总会有各种各样的挫折。当下属处于困境中的时候，领导的褒奖会比平时顶用一万倍。它可以让下属感到温暖和鼓励，对领导感激不已。要是这时候只注意那些风头正劲的下属，被冷落的下属就会产生这样的想法：哼，光知道捧好的，我的困难一点也不考虑，简直是不顾我的死活。这样下属一定会产生消极甚至是对抗的情绪，再想让他努力工作可就困难了。

【修炼箴言】

作为领导要多表扬一下身处困境仍努力工作的下属，只须付出一些爱心，就能换回下属的忠诚，何乐而不为呢？

6. 表扬年轻人不能泛泛而谈

对于一般的年轻下属来说，来自领导的对于他们工作能力及才华的肯定和赞扬以及对他们工作态度、工作成绩的表扬，都会满足他们的成就需要心理，激发他们对本职工作的热爱，提高工作的积极性。很多情况下，工作中的领导同时又是长辈，那么这时你应该怎样表扬手下的年轻人呢？不妨从以下几方面去把握。

1. 要抓住具体事去表扬

叶青是一家公司部门主管。年终，公司的各种会议和各式各样的报表非常多，有很多会议是他必须参加的，叶青又要参加会议，又要指导其他相关的工作。这时，有一本帐单总结需要明天上交，而这份总结必须由叶青亲自动手完成。无奈之下，他只好让办公室的几个秘书帮助做一些相关资料的查找、计算工作，第二天，他顺利地上交了那份总结，这使得他对几位年轻的下属心存感激。他非常真诚地对几位下属说："我真心感谢你们在昨天晚上帮我干了那么多的活，由于你们的努力，所有的工作都按预期完成了，我感到非常轻松和高兴，谢谢你们。"

这里叶青既没有泛泛地表扬下属"工作好"，也没有表扬他们是"称职的员工"，而是针对这一具体事件加以表扬。这会使年轻人更加严格要求自己，争取在其他方面也做得更好。

2. 要区别性别、个性、知识层次等加以表扬

领导者作为长者，既要有长者的风度，也要有领导的气度，要能够运用其丰富的经验与阅历，与年轻的下属和睦相处。

在赞美年轻下属时一方面要结合自己行业的特点，另一方面也要考虑年轻下属的性别、个性以及知识层次。

杨跃是某单位的科室主任，为人豪爽直率，颇有男子汉风度，讲话不避嫌。在他的办公室里有三位女性秘书，工作能力都非常强，她们经常受到杨跃的表扬，可不管杨跃怎么称赞她们，同她们之间的关系却总像是有堵墙在隔着，一点也看不到三位秘书激动的样子。原来，杨跃在称赞她们时语句中常用一些不太文明的词语。虽说这些赞语对于那些老同事或下属来说都已习以为常，但这三位刚刚从高校中出来，受过正规教育的女秘书却感到极不舒服。可杨跃没有考虑到这几点，这使得三位年轻下属总是有意拉远与他的距离，这使待人热情、平易近人的杨跃感到不尴不尬的。有一次，他发现，他刚刚称赞了其中的一位秘书"这次工作报告写得不错，真他妈的绝了"。三位秘书听后都借故走了出去，他很是纳闷。后来，当她们中的一位交工作汇报时，他连哄带"威胁"才搞清楚了，他没有注意到自己的下属是女性，并且是年轻的大学生。意识到这一点后，

杨跃就非常注意自己的措词了，在关系熟的老同事面前，粗话还不时"蹦"出，可一到了陌生的场合，或者是年轻下属面前，讲话真是字斟句酌，对他们的表扬，也变得含蓄委婉起来。如此一来，他和三位秘书之间的关系轻松多了，她们再也不躲着他了，日常工作中合作得很愉快。

上司表扬年轻的下属，在考虑性别的同时，还要考虑到个性的特点，对于性格豪爽的人语言可以明快直接一点；对那些性格内向腼腆的下属，就要含蓄一些，委婉一点。此外还要考虑到知识层次，一个单位，不同岗位上的职员的知识结构不同，领导的称赞语言要有所不同。对于知识丰富的员工的赞扬就要上档次，赞扬他们知识丰富，才高八斗，学富五车，不能太庸俗；而对于门卫或清洁工的赞扬就不能过于高雅，赞扬他们工作认真刻苦，任劳任怨，具有老黄牛精神，要通俗，使他们能够理解。

江阳是某新闻单位的一名资深的节目制作人，由于新办了一个新闻专题节目，台领导给他派来了两名新毕业的大学生。江阳已在新闻单位工作了 30 多年，工作兢兢业业，所以他总是用自己的标准去要求新来的两名年轻人。可由于两人刚刚毕业，对业务不太熟悉，多次遭到了江阳的批评。两个人于是刻苦学习，很快掌握了业务技巧，工作中的差错越来越少。但是，江阳还是觉得不够满意，经常斥责他们，这么一来，闹得江阳与两个年轻人之间的关系很僵，结果是江阳要求换人，两个年轻人也要求调换到别的节目组。于是又有两位年轻人调换过来，开始了业务工作从陌生到熟练的过程，江阳还是那个态度。由于这两个人听别人说江阳非常严厉，担心遭到斥责，无法专心工作，节目质量无法提高，江阳遭到了台领导的批评，于是江阳回来又把气撒到这两个年轻人身上。就这样，江阳的节目组人换了好几次，工作还是没有做好。台领导找江阳谈了几次话，又找那几个年轻人谈了谈心，弄清了他们之间的问题，并把问题如实地告诉了江阳。又有两个年轻人调到了节目组，这次江阳热情地教他们熟悉业务，并经常真诚地赞扬他们的每一点进步，三人相处得非常融洽，工作效率很快有了提高，年终他们的栏目组被评为优秀节目制作组。

在这个例子中我们可以看出，江阳未注意到年轻人需要成就感的心理，而一味地加以批评，以为这样就可以督促年轻人进步，结果适得其反。由于人际关系处理得不好，影响到了工作，虽然人换了几拨，但工作一直没有好转。台领导的谈话终于使江阳开了窍，于是江阳一改过去的做法，在工作中巧妙地运用赞扬，这个问题也就得到了圆满的解决。

【修炼箴言】

年轻人一般都是刚刚走入社会，他们缺少社会经验，阅历不足，易于冲动，做事毛手毛脚，渴望付出的劳动能够得到别人的认可；他们拥有现代观念，渴望平等；他们充满活力，富有激情，敢闯敢干，热心而且好动。年轻人的这些特点要求我们在与年轻人交往的过程中，要慎重把握其心理，恰当地运用赞扬。

7. 如何表扬下属的闪光点

现在，我们经常听到各级领导者甚至包括车间班组长都在感叹：可用之人真是太少了！其实，不要埋怨下属的无能，而是身为领导者的你没有发现下属的优点，却紧盯着他们身上的不足之处，甚至将其无限量地放大，因此，在你眼中下属都是无能之辈。其实则不然，就算是你的部下有再多的不足甚至缺点，他的身上也一定有闪光之处，你所缺少的就是发现部下身上闪光点的那一双慧眼。

任何人都有优点和缺点，如何看待一个人的优缺点，尽管有客观的评判标准，但与观察者看人的角度也有相当的关系。如果用灰暗的心理看人，从人的短处着眼，那么看到的自然是缺点多于优点，短处多于长处。如果换个角度，用积极的眼光看人，从人的长处着眼，那么所能看到的一定是优点多于缺点，长处多于短处。对于一个高明的领导者来说，应善于挖掘下属身上的闪光点，激发他们的才智，为我所用。

管理者用人，应先看其长，后看其短，要扬长避短。

马谡被斩，是三国时期诸葛亮舍长就短用才酿成的一个悲剧。史称马谡"才器过人，好论军计"，是个非常好的参谋、幕佐之才，诸葛亮却弃其所长，用其所短，偏偏派他去带兵镇守街亭，与魏兵对阵，最后招致惨败。

作为一名领导者，要学会多看、多用下属的长处，予以发扬，并创造良好的条件让他得到充分的发挥。

王刚是工厂的部门经理，最近他的部门调来一个名叫李杰的人，别人对李杰的评语是："时常迟到，工作不努力，以自我为中心，喜欢早退。"过去的经理对李杰都束手无策。最初王刚向公司建议调李杰到其他部门去，但领导没有改变决定，希望王刚好好指导他。

正如别人的评语，第一天上班，李杰就迟到了五分钟，中午早五分钟离开单位去吃饭，下班铃声前的十分钟，他已准备好下班了，次日也一样。

王刚观察了一段时间，发现李杰缺乏时间观念，平时独自作业，态度冷漠，极少与同事打交道。但仔细观察李杰的工作状况，王刚发觉他的效率极佳，超过一般的标准，而且成品优良，在质管部门都能顺利通过。

王刚对李杰的迟到早退未置一词，只是微笑着打招呼，对李杰中午提早去吃饭也从未有异议，这反而使对方自觉过意不去。李杰心想，王经理为什么从无异议？过去的经理可能早就对我的作风大发雷霆，至少会斥责几句，但现在的经理却毫无反应。

感到不安的李杰，终于决定在第三周星期一准时上班，站在门口的王刚看到他，以更愉快的语气和他打招呼，然后对换上工作服的李杰说："谢谢你今天准时上班，我一直期待这一天。这段日子以来你的成绩很好，算是单位的冠军呢！真是一流的技术人才，工作速度很快，如果你继续努力，一定会得优良奖。我发现你才能出众，希望你发挥潜力，也许我的话有些不中听，为了你的前途应遵守纪律，认真努力。"

虽然李杰没有立刻改掉所有的缺点，但遵守上下班时间和工作情绪方面，几乎判若两人。

可见，赞扬可以改变一个人，可以有效地激励下属，赞扬是催人向上的最好动力。人的生活离不开赞扬。那些被自卑感压倒的人，那些谨小慎微、猜疑心重的人，往往就是因为少年时代缺少赞扬所致。赞扬对于人类的灵魂而言就像阳光，没有它，人是无法"开花结果"的。

【修炼箴言】

千万不要认为没有必要去赞扬下属。如果你善于发现下属身上的闪光点，并加以赞扬，就能有效地激励下属为你工作，同时，你也会感受到生活的恩赐，下属努力的工作会让你收获成功的果实。

8. 表扬下属的语言要真诚

赞扬是一种激励，这是毫无疑问的。

赞扬的魔力可以从下面的小故事体现出来。

你对邻居说："我家有一盆花，你帮我修剪一下吧？"对方一定会客气地拒绝你："我的技术太差，把你家的花修坏了怎么办？"而且心里肯定会说："哼，要我给你卖力，没门。"但如果你换一种说法："我发现你家的花修剪得特别漂亮，你在这方面的造诣一定很高。哎，我家有一盆花，你能不能教教我，看怎么剪才漂亮？"对方就一定会高高兴兴地帮你剪花了。同样一件事情，说话的方法不同，导致的结果就截然不同。这就是赞扬的作用。

对于企业的管理者来说，若能以欣赏的眼光来观察下属的优点，并毫不吝啬地加以赞扬，那么下属将因你的赞扬而备受激励，对于你交付的工作，就能愉快地完成。这样，不但员工能发挥出惊人的工作效率，你甚至还能挖掘出优秀的人才。

经营之神松下幸之助说，每个人都有自己的缺点和优点。十全十美的人固然没有，一无是处的人也不会存在。身为一名主管，如果总觉得下属这里不行，那里不好，以"鸡蛋里挑骨头"的态度来观察下属，不但下属做不好事，久而久之，你就会发现周围没有一个可用的人了，当你要委派任务时，一定会因为觉得不放心而犹豫不决。

赞扬是含有巨大能量的，作为一门激励艺术，企业的管理者必须掌握它、运用它，用它来激发员工的创造力。

但是，有些领导却不懂得表扬下属的真谛，而只想着树立自己个人的威信，收买人心，实际上并没有表现出欣赏的诚意，无论是被表扬者，还是其他人都有像被猴耍一般的感觉，这样的做法根本没有任何作用。领导表扬下属，必须首先自己表示出欣赏、表示出诚意。

曾国藩就很善于当众表扬某一位下属以激励其他将士。有一次，他召集诸将谈论军务，他先发言道："诸位都知道，洪秀全是从长江上游东下而占据江宁的，因此江宁上游乃洪逆气运之所在，现湖北、江西均为我收复，江宁之上，仅存皖省，若皖省克复，江宁则早晚必成孤城。"此时，一贯沉默寡言的李续宾从曾国藩的话中意识到了下一步的用兵重点，就试探着插话问道："涤帅（曾国藩字涤生，故称其为"涤帅"）的意思，是要进兵安徽？""对！"曾国藩见李续宾猜出了自己的意图，以赏识的目光看了李续宾一眼，接着说："迪庵（李续宾的字）说得好，看来你平日对此已有考虑。为将者，踏营攻寨算路程等尚在其次，重要的是胸有全局，规划宏远，这才是大将之才。迪庵在这点上，比诸位要略胜一筹。"其他将领无不点头称是。

曾国藩的这番赞扬是发自肺腑的，不带半点收买人心的意思，这种表扬不仅让被表扬者感到身受鼓舞，也让其他将领心悦诚服。

北魏时太武帝拓跋焘很赏识崔浩，聘他为顾问，并鼓励他集思广益、敢于进谏。在一次有数百人参加的酒宴上，太武帝指着旁边的崔浩，发自内心地表扬道："你们看这个人纤瘦懦弱，手不能弯弓持矛，但他胸中所怀的却远远超过甲兵之勇。朕开始时虽有征讨之意，但思虑犹豫不能决断，后克敌获捷，都是这个人引导我直到今天这一步。"

【修炼箴言】

富兰克林有句名言说："诚实是最好的政策"。聪明的领导在表扬下属时，最好的方法就是要真诚。太武帝对崔浩的表扬没有半点虚伪，他平时就非常赏识崔浩，坦诚之情处处可见。

第五章
能方能圆,圆滑处世有必要

　　狐狸般的小人、爱打小报告的下属、自大狂、工作倦怠期的员工……这些麻烦的人或事情,正考验着领导的协调能力。在交际过程中,应该做到能方能圆,即一方面心中有正气,坚持自己的原则;另一方面,又能洞悉他人的心性,圆滑处理矛盾与纷争。做到方圆相济、软硬兼施,乃是拥有高超交际能力的智者,必能以其魅力赢得人心。

1. 能方能圆，懂得左右逢源

卡耐基说："一个人的成功只有5%是依靠专业技术，而95%却要依靠人际关系、有效说话等软科学本领。"如今社会竞争越来越激烈，企业的发展需要领导做人能方能圆，打通各种渠道，才能拥有更广阔的社交圈。那么何为"方"，何为"圆"呢？

"方"，就是要堂堂正正地做人，心中有正气，任何时候都不放弃自己坚持的原则；"圆"，就是在交际的过程中能够圆通处世，能够洞悉他人的心性。在交际场上，领导既要有个人的原则又要不失灵活性，也就是说应该做到方圆兼济。直木无法成荫，同样过于直率的人也容易得罪他人。

为此，领导处世应该学会能方能圆，既能坚持自己的观点不动摇，又要能够圆柔推进，这样在达到自己目的的前提下，还能让他人挑不出错来。在职场上，这样方时坚守自己，圆时迎合他人，才是智者之举。

李嘉诚被誉为"商场上的超人"和"太极高手"，他不仅善于谋算，还精于使用柔术。在商场中，他不仅能够坚持自己的原则，还能做到灵活圆融。

在商界这个复杂的竞争环境中，因巧取豪夺而致富的大有人在，而李嘉诚却曾公开说："我所赚取的每一毛钱都可以公开，就是说，不是不明不白赚来的钱。"李嘉诚觉得，领导的人格魅力是金钱买不来的，这是一笔无形的财富。对于有政客拿他"说事"，李嘉诚非常生气，他曾反驳说："是我的钱，一元钱掉在地上我都会去捡。不是我的，一千万元钱送到我家门口我都不会要。"

1992 年时，荣智健的中泰集团开始宣布第三次集资计划，在配售11.68 亿新股的同时，还准备收购恒昌 64% 的股权。荣智健这样突然大张旗鼓地向其他股东收购，一时间人们对他议论纷纷，都说他这样做是别有用心。但是，李嘉诚却非常爽快地答应了荣智健的收购条件，并将自己手中所持的恒昌股权卖给了荣智健。

经过这件事情，李嘉诚名利双收，一方面赢得帮助荣智健的好名声，另一方面又为自己赢得了利益，可谓一箭双雕。从此，李嘉诚与荣智健联手合作成为商场的一段佳话。

"与人方便，自己方便。"既让朋友赢得利益，也不让自己吃亏，这样的事情是李嘉诚乐意做且经常做的。这不仅体现出李嘉诚的仁和之心，也折射出了他通晓大义、深谋远虑的智慧。

"方"，指的是一个人行事有自己的主张和原则，不会轻易被他人左右。"圆"，指的是做人做事应讲究技巧，该前则前、该后则后，能够认清时势，让自己做到进退自如、游刃有余。交际中，若是领导过于老实本分，便会如立方体一样，有棱有角，最后将自己搞得伤痕累累；可是领导若过于圆滑，总想着怎样占他人的便宜，最后也逃不掉众叛亲离的下场。为此，领导在交际中应做到方外有圆，圆内有方。

有一天，一位和苏东坡兄弟二人都熟识的朋友想做生意，但由于本钱不够，便准备找这兄弟二人借点本钱。由于苏辙较为老实，他直接来到苏辙这里把话挑明了。结果，这位朋友的心却凉了一半，因为他不仅一分钱没借到，还受到了苏辙的训斥。

于是，他只好去找苏东坡。寒暄了几句后，苏东坡就明白了他的来意，也知道了事情的原委。苏东坡自己也是没钱的主儿，于是便假装随意地和对方聊天，并给对方讲了一个故事。

有个人实在穷得没钱吃饭了，于是决定去盗墓。第二天晚上，他来到一座坟墓前，满怀信心地挖开坟墓，却发现里边的钱少得可怜，坟墓中的死人瘦得只剩皮包骨头，幽幽地说："你真没眼光，我死的时候肚子里连一粒粮食都没有，这里边哪儿还有值钱的东西呢？"

穷人折腾了半天，有些不甘心，说道："旁边不是还有个坟墓，也许那里还有金子。"

"你还是回家吧，旁边那座坟墓是我哥的，他是我见过最穷的人了，他还不如我呢！"

听完这个故事后，那位朋友便明白了苏东坡的意思，知趣地离开了，从此再也没有提过借钱的事情。

故事中，苏东坡就是应用了"圆"的方式，在巧妙地表明了自己的情况时，还顾忌到了对方的面子，这就是"圆"的交际哲学，对方不会因被拒绝而受伤。俗话说："圆的不稳，方的不滚。"圆指的是说话办事的灵活性，为随机应变之道，根据当时具体的情况具体分析，并做出相应的处理。方为原则性，坚持自己的原则，以不变应万变。能方能圆，二者相结合的使用才能使领导在交际场中左右逢源。

但是交际中，领导能方能圆的同时，也应注意以下要点。

1. 切勿将圆通当作圆滑

《菜根谭》中有云："处治世宜方，处乱世当圆，处叔季之世当方圆并用。"领导做事要圆通，否则就会在别人的算计中处于劣势。交际场中，我们提倡领导做一个圆通的人，但却不提倡领导因此而变得圆滑。

若是在交际中，领导过于圆滑，一定会让他人心生防范之心，这样是非常不利于交流的。为此，领导在能圆的时候应有度，切勿引起他人厌烦。

2. 即使他人把圆通当做圆滑，自己也不圆滑

商场如同一个小型的社会，都是一个大的"染缸"。身处在这个"染缸"中，领导一定要坚持自己的原则，将"方"的作用发挥到最大，切勿因为其他领导变得圆滑，自己也效而仿之。

【修炼箴言】

与人交际，领导应内方外圆，太强必折、太弱则欺。行事过于强硬容易自折，过于懦弱又容易被人欺辱。唯有该方时则方，能圆时则圆，左右逢源才不得罪他人、自损于己。

2. 软硬兼施，恰如其分

"软"和"硬"是交际中常用的手段。既然它们只是手段，就不应该在乎它究竟是个贬义词还是褒义词，只要见机行事就可以了。从古至今，软硬兼施之道，正人君子可以使用，卑鄙小人则较为擅长，

不过是各取其利罢了。君子用它坚守正义、捍卫尊严，规劝他人走正道；小人则为自己的利益而用之，甚至借此牺牲了他人的利益。

当然了，领导在使用软硬兼施的交际手段时，也应该注意分寸，恰到好处方为最佳。作家三毛曾说过："对一个恶人退让，结果使他得寸进尺；对一个傻子夸奖，结果使他得意忘形。"这样看来，若是想让其发生作用，领导还需要见机行事，对付那种欺软怕硬的人，应该以"硬"克之；而在应对那些吃软不吃硬的人时，那就可以用"软"化之了。

人生在世，自然是要待人接物的，在日常生活中领导应更多地采用"软"的态度，也就是人们常说的"话好说"、"遇事好商量"、"遇事让人三分"……，这些都是领导在待人接物时常用的方法和态度。但并非所有的"软"都灵验，领导有时也会遇到一些欺软怕硬的人以及敬酒不吃吃罚酒的人，对于这样的人，领导采用强硬的态度和手段便成了一种必须，只有这样才能降服他们。

《水浒传》里有这样一个场景：李逵在江州渔船上抢鱼，本来是没有一点的理由的，但李逵硬是一句好话也听不进去，而这时又刚好碰到了浪里白条张顺。张顺仗着自己水性好，硬是将李逵引进了水里，把一个铁汉子黑旋风在水里整得死去活来。

经过这次教训后，李逵再也不敢贸然来抢鱼了，也真正地领教了逞强的苦头。其实，一开始张顺也是对李逵好好说的，但是李逵根本不放在心上，没办法了才出此下策，用计将李逵引到水里，找到了他的软肋，这才让李逵无用武之地，从而治服了李逵。

从客观角度来说，在交际活动中"软"和"硬"是分不开的。如果过重地偏重一方，最后吃亏的都是自己。行事若是太软弱，非常容易给人留下弱者的印象，从而觉得你是个比较好欺负的领导，他人在行为、言语以及态度上也不会尊重你。这种现象是很常见的，不可能每个人都高尚，也不是每个人都会待人公正无欺，相反很多人都会犯欺软怕硬的毛病。为此，领导与人交往时，一味地软弱是不可取的。

此外，领导在说话办事时，也不能过于强硬。过于强硬了，势必会给员工、客户留下这样一种印象：浑身长满了刺，拒人于千里之外。基于这种印象的表露，人们极容易从心中生出排斥感："你狠！我就不理你，惹不起我躲得起！"这是一般人都会有的心态。真正到了关键时刻，别人再也无法忍受你，那就是墙倒众人推了，就像张顺对待李逵一样，若不是宋江及时出现，恐怕李逵就要被丢到水中喂鱼了。

所以，想要在交际场中应对自如，办起事来得心应手，就应该善用软硬兼施的方法，适度地强硬，适度地示弱，有弹性地去与人打交道，这样游刃有余地周旋在复杂的社交场合，成功地应对各种突发状况。

康熙帝在位时，认为姚启圣是个难得的人才，想要重用他。可是，姚启圣自恃清高，而且能言善辩，从来都不服从礼数的束缚，多次与官员发生争吵。

为此，康熙对其先进行了打压，将他关在牢狱中三月不允许任何人来探监。最后，用囚车把他带回京城，那时正值寒冬，姚启圣途中吃尽了苦头。这时康熙帝觉得姚启圣的傲气被打磨得差不多了，便让他在养心殿讲座，随后又将他封为福建总督，后来又立了大功。

一个桀骜不驯的才子，就这样被康熙帝收服了。姚启圣算不上小人，但骨子里却有小人的品行。康熙帝采用软硬兼施的手段，让他又怕又喜，能够死心塌地地为康熙帝效劳也就不奇怪了。

"软"和"硬"，作为不同的交际手段，或者是做事的谋略，不管在何种场合都不会失去它的效用。从理论上来讲，"软"是友善、修养、通情达理的表现；"硬"则是尊严、原则还有力量的最好体现。作为软硬兼施谋略的两个重点，真实和合理是它们存在的基础，若是违背了这项原则，软硬兼施便成了处世的狡诈，虽也能获得一定的成功，但却会因此而损失更大的利益。

【修炼箴言】

软硬兼施，不可过硬，也不能过软，唯有把握好两者之间的分寸，领导才能不失礼、不怯场，从容应对各种突发事件，打通各种自己所需要的渠道。

3. 小心应付有后台的下属

作为领导，按理说在所管理的部门或组织有着说一不二的权力，然而事实上又往往并非如此。一些领导往往要面对一个特殊的局面，就是在下属中，有着一个或一些后台很硬的人。

后台硬，意思就是这些下属与领导背后的高层领导有关系，管理起这些人来是很麻烦的。

麻烦的原因很简单，如果一视同仁地对他们，赏罚不留一丝情面，就会招致高层领导的不满。但若一味地偏袒他们，又很容易招致其他下属的不满，从而影响领导的权威。

正常管理不行，不正常管理也不行，因此有后台的下属就成为很多领导的心病，生怕自己管理的队伍里面有这样的人出现。

文婷是一家科技公司的人力资源部经理，这家公司是由几个留学归国的海归创立的，因此领导层都非常年轻。因为几个老板各有各的主张，因此在很长的一段时间内，对于公司的人力资源管理工作，文婷都是在和各个老板搞拉锯战。她经常要照顾方方面面的要求，这样做虽然累，但长时间下来，倒也相安无事。

不久前，占股最多的老板突然空降给文婷一个办公室助理，这让文婷感到非常窝火。这个带着背景的助理初次和文婷见面时，态度就非常高傲，当时她以为是互相不熟悉的缘故，而且看在领导的面子上也就没有过多地追究。没想到，助理这种高傲的态度在日后的工作中居然愈演愈烈，导致文婷现在的工作非常被动。

这个助理对文婷分配的工作挑三拣四、拖拖拉拉，这也说不会，那也说不愿做，让她发个电子邮件都要文婷从早上催促到下午。更令文婷难以忍受的是，这个新来的助理还总是摆出小姐的派头，对其他同事指手画脚。为此文婷曾批评过她，但每次她都把靠山端出来压人，但如果不批评，其他下属又会觉得不服。

文婷只好向老板反映情况，但由于她反映的都是一些小事，老板反而觉得是她心眼小容不下别人，而且开始怀疑她的管理能力。对此文婷真是有苦难言，要不是舍不得这份薪水优厚的职位，真想一走了之。

有后台的下属难以管理，这是很多领导的共识，然而难管并不意味着不能管，对于那些有后台的下属，如果管理得当，说不定还能化坏事为好事。

管理后台硬的下属，从根本上说要掌握并引导他们的心理。在工作能力上，这类下属不一定比普通下属强，但是他们的心理状况却要远远好于普通员工，在处理事务方面也会更自信，加上背景方面的优势，更能发挥出水平。因此对于他们的态度，领导最好的选择就是若即若离，保持一定的距离。

如果他们在工作中有上佳表现，可以适当地对他们进行褒奖，但一定要注意尺度，否则，由于其特殊的背景，你的肯定很可能被其他下属当成一种言过其实的褒奖，让他们觉得你是在讨好高层领导，而他本人也很容易恃宠而骄，变得越来越骄横。

如果这些特殊的员工在工作中表现平庸，而且常有意无意地以自己不凡的后台自居，那么，领导在与他们保持距离的同时，决不可姑息纵容，否则不但不足以服众，而且还会给自己带来无穷的麻烦。

当然，也会有一些完全不知所谓的有后台的员工出现，如果领导对他们实在是一点儿办法都没有，那就只能把他供起来养着了，把他的工作分给其他下属，或者干脆自己承担，不让他进入具体工作领域，就让他做一些无关大局但又必须的琐事，这样一来他也不能说你不重视他，而且也不会给他扰乱组织正常工作的机会。

而对于那些非要冒犯你权威的下属，则可以采用以下几步具体做法，首先敲山震虎，借别人的错误顺便警告他，倘若有人不遵守制度，做不好本职工作，犯了错误，无论你的后台是谁，都会严惩不贷！其次，如果他的后台足够通情达理的话，你可以直接和他的后台联系，把自己的难处和苦衷讲给对方听，让对方帮你去处理。最后，尽量和他们多沟通，多些推心置腹的谈话，了解他的情况越多，管理的方法就越多。

无论后台多么强硬的员工，终归也是你的下属，无论下属出现了什么错误，最终要负责的都是你这个领导。因此，对于此类员工的处理，千万要慎重，切不可一时疏忽给组织和自己带来不可挽回的损失。

【修炼箴言】

对于后台强硬的下属，领导不能用正常的方法去管理，有的时候该出一些奇招，借力打力，利用他特殊的身份给他"特殊"的对待，这反而是更好的选择。

4. 对待怨气冲天的下属，沟通才是硬道理

电视剧《贞观长歌》里面有这样一段故事：左屯卫军因为士兵吃不到米而哗变，太宗李世民孤身赶往军营去平乱。他平乱的方法是什么呢？不是派别的军队去镇压，而是与左屯卫军的将士进行面对面的交流，答应他们一定要查清没有好米的原因。在太宗既有威又有情的话语中，左屯卫军的将士一个个地放下了刀枪，一场哗变就这样平息了。

如同唐太宗一样，很多领导在管理的时候都或多或少地会面对下

属的"哗变"。当然，我们这里指的"哗变"并不是说下属造反，而是说下属在内心里带有一定的怨气，在工作的时候会抵制管理，进而让领导的工作没有办法展开。

作为一个领导，最不愿意面对的就是下属充满怨气的工作环境，这就像是带着一个气球去抓刺猬，如果不把里面的气放掉，就要时刻担心它炸掉。

而想要处理掉下属心中的怨气，首先要弄清怨气是从哪儿来的。通常情况下，工资待遇、工作环境、同事之间的关系等是怨气的来源。如果这些问题只是某个下属个人的问题，那么还比较好处理，如果是组织内的普遍现象，比如所有的下属都对组织的某些状况存有意见、抱怨连连，这时领导就需要认真地面对了。而对待下属的怨气，领导最明智的做法就是"让他们把不满说出来"。

"让他们把不满说出来"，这是有"世界第一 CEO"之称的杰克·韦尔奇的一句名言，在他看来，化解下属怨气的最佳方法是沟通。

通过沟通，领导可以实现与下属信息的"对流"。一方面，倾听下属发自内心的抱怨、意见或者建议. 便于领导摒弃以前不合理的管理办法，制定出更加符合企业实际情况的规章制度，从而提高管理水平。

另一方面，听到来自企业决策层的准确回应之后，下属的顾虑、猜疑和不解就会烟消云散，工作起来就会心情舒畅，把更多的精力投入到创新生产技术、提高工作效率上，增强企业的竞争实力。

要知道，就算是杰克·韦尔奇这样有丰富经验的管理大师也不可能将所有的工作都做得尽善尽美、滴水不漏，他们总会在一些事情处理上面显得不够妥当，在一些重大决策的制定上面显得不够合理。工作不到位，就难免让下属心生怨气，对于这种情况，领导就需要在进行常规管理之余，再花些额外的时间与下属沟通。

如果没有一个能够让下属顺畅地反馈个人意见和建议的平台，也没有一个有效地解释企业内部决策、管理工作动机、目的、方法的渠道，就会使下属的怨气越来越多、越积越重，直到企业发生严重的管理危机。

因此，"让他们把不满说出来"不失为一种明智、可取的化解员工矛盾的好方法。我们看到很多管理非常完善的企业，就是从合理看待员工的抱怨开始的。

作为美国历史上资历最老的物流企业，美国邮政公司在其一百多年的发展史中，始终坚持着与时俱进的管理方针。在20世纪60年代，美国的物流公司很多还是采用抵达地分送，也就是一个投递员管理一个片区。这种方法的普及原本是为了节省人力成本，但由于美国经济的复苏、城市的发展等多方面因素，导致了一种奇怪现象的出现。很多时候，一个包裹的投递点对于分管其片区的投递员来说显得非常遥远，但对于相邻片区的投递员来说则是顺路的事情，这无疑大大降低了投递员的工作效率，而他们的收入又是直接和投递量挂钩的，因此，一时间投递员们怨声载道。

对于这一问题，很多邮政企业的管理者选择视而不见，但美国邮政公司没有这样做，他们将一些持有此类意见的员工代表聚集起来，集中听取了他们的问题，并问他们认为怎么解决这个问题更合理，在管理层的鼓励下，员工代表们纷纷提出了自己的意见。管理层们整理了员工们的意见，并找到相关的物流专家进行研究，终于寻找到了一种企业和员工双赢的中心控配货方式，通过这一方式的改变，员工们的抱怨声消失了，工作热情也提高了。

领导管理下属，说到底还是与人相处。既然要与人相处，就要学会各种处世的方法。管理下属时，领导运用权力和威严自然是无可厚非的，但当权力和威严明显已经不管用，甚至会激起反感时，领导就要主动学会变通，用软性沟通往往会取得不错的效果。

一个企业能够获得持续的成功，仅仅依靠领导方针的正确、产品或服务的质量是远远不够的，凝聚力才是保证它长远发展的基石。企业的凝聚力就像一只无形的手，左右着它的业绩。而凝聚力正是来自于每个人都能在企业中得到自己想要的东西，沟通就是让领导了解到自己的下属想要什么。

一个好的领导是能够通过各种不同的形式和下属进行沟通的，比如设立接待日、问题信箱等，认真地听取并采纳下属的合理化建议，使自己的管理更加人性化、理性化，从而也能让下属从自己的管理中看到希望，自觉地增强他们的责任感和使命感。

【修炼箴言】

下属心含怨气，领导若用硬手段一味打压，强制管理，是没有用的，反而可能激起更大的纷争。聪明的领导会放低姿态去倾听下属为何怨声连连。这不是软弱之举，而是用亲和的魅力消除下属的抵触心理，对矛盾的解决起着重要的作用。

5. 谨慎对待"打小报告者"，防止告密成风

许多领导都曾遇到过这样的情况，员工敲开你办公室的门，悄悄地向你汇报其他同事在工作时间处理私人问题，严重地影响了大家的工作。面对这样的问题，你该如何处理呢？

也许你会采取这样的方式处理：表扬了向你"打小报告"的下属，并会处理那个违反公司纪律的员工，起码会对他进行批评教育。表面上看，这样处理是没有任何问题的，实际上很多领导确实也是这样做的。在上学的时候，大家都经历过这样的事情，在课堂做某些小动作或是违反了课堂纪律，被其他的同学"告状"到班主任那里，你因此被老师叫到了办公室教训了一顿。被老师批评后，满脸沮丧地走出办公室时，你在想什么呢？你会意识到自己的错误，为此而感到愧疚决心改正，并会对告你状的同学心怀感谢吗？答案是否定的，你一定恨透了那个告你状的同学，并随时盯着他，只要有机会便会反戈一击。

将心比心，员工也是一样，面对自己被同事告状的问题，很少有人能够表现出足够的理智。为此，有爱打小报告的人的存在也是阻碍公司发展的重要因素，员工之间的关系一旦不融洽，势必会影响到公司的发展。

另外，有些员工在打小报告时，可能会巧妙地假借"汇报工作"

和"提建议"的名义，进而让"告密"合理化。对于这样的情况，一味地遏制是起不了作用的，因为员工本身发现问题并及时向领导汇报是没错的，关键在于领导听取了小报告后如何处理它。

乔森刚进公司的第一天，就仗着自己的总经理职位规定了很多，其中最主要的一条就是欢迎员工向他提意见，无论是工作中，还是他自己身上的，或者是其他同事的，只要有人发现了问题，他都会给予奖励。

在这个新规定的鼓舞下，大家争着抢着向他提意见。刚开始的时候，大家提的意见还仅限于工作上的，但没过多久，有些人就开始打起同事的主意了，如上班的时候开小差，工作时间处理个人问题，将一些办公用品拿回家等。

对于这些鸡毛蒜皮的小事，乔森有些应接不暇。不仅如此，就因为这些小报告，严重地激化了员工之间的矛盾，工作氛围也被搞得乌烟瘴气。

企业，是人与人构成的，有人存在的地方就有矛盾，员工之间的矛盾往往会占据很大的比重。为此，对于员工送上门的"小报告"，领导应该谨慎对待，必要时采取委婉的方式将其化解，决不能让这样的风气在公司中蔓延。

此外，员工呈报上来的"小报告"并非全部都是从企业的角度出发的，他们很可能是因为自身的矛盾才打小报告的，这时若领导还支持员工"打小报告"的话，就会让自己成为员工之间相互攻击的"武器"，而非企业的领导了。

一个成功的领导，在面对员工打"小报告"时所采取的正确做法是：让他和他所"控告"的人进行彻底的沟通，尽量让他们的矛盾当面解决。如果"小报告"是由于工作上的问题引起的，应该让两人私下里沟通，商量出一个解决办法，必要时领导应参与到他们的讨论中来。其实，很多类似的问题都是矛盾双方单方面的说辞，本质上就是"小报告"，目的就是为了让你帮助他打击另一方。而这样的矛盾大多数都是可以调和的，沟通就是最好的解决办法。

员工之间的沟通并不都是"串供"或者'搞阴谋"，领导不要只顾着自己和员工的沟通，还要鼓励员工之间进行沟通。也许等到他们沟通完后，才会明白原来的矛盾不过是场误会。员工沟通的过程，也属于一种协商谈判的过程，在这种协商谈判的气氛下，慢慢也会营造出一种和谐、互相信任的氛围，这时"小报告"也就慢慢消失了。

当然，对于纯属事实的"小报告"，领导也不能睁一只眼闭一只眼，而是要尽量让下属知道自己的错误，想办法在公司内部营造出一种气氛，鼓励员工在犯了错误时勇于承认，担当属于自己的责任，这样也就不用担心其他的同事"打小报告"了。

另外，作为一个组织，应该有内部正常的信息反馈通道，而不是将对下属的监督建立在其他员工告状的基础上。假如你的员工出现了矛盾而采用"打小报告"的方式让你知道，那这本身也是管理上的漏洞。

【修炼箴言】

在日常管理过程中，总会有些员工来打小报告。对于打报告上瘾者，领导绝不可姑息，否则会让部门管理乱成一团。不过分鼓励，不一味批评，有针对性地对待"打小报告者"才是领导的妙计。

6. 对待自大狂，"马蝇效应"是秘诀

在组织里，总有一些狂妄自大的下属。他们聪明，做事效率高，某些方面才能出众，但另一方面却仗着"才高八斗"自负自大、目空一切，甚至看不起自己的领导。组织缺少不了这些有才干的员工，但管理这些人实在是让领导头痛的事情。

与这些"自大狂"打交道时，领导首先要了解这些员工的特性和心理。一般来说，这些员工都有一定的才干，觉得别人都不如他，做事我行我素，听不进去别人的建议。他们凡事都认为自己才是对的，对别人总是持怀疑态度。因此，即使自己做不来的事，也不愿交给别人去做。

了解了自大员工的特性，才能有的放矢地管理。领导要有耐心地与之相处，根据他们的长处进行合理任用，而绝不能采取强力压制、排挤的办法。要知道，你越是打压，他越是不服气，有朝一日可能会故意拆你的台。如果能用学识"镇"住他，就有可能打退他的狂妄；如果你没有这方面的优势，就想想刘备为求人才三顾茅庐的故事，善待善用这类下属。

在对待自大狂妄的下属方面，美国前总统林肯有一秘诀，那就是利用"马蝇效应"刺激自大者主动发挥能力。

1860 年，林肯当选为美国总统。几个星期后，银行家巴恩见参议员萨蒙·蔡斯走出林肯的办公室，就私下对林肯说："不要将此人选入你的内阁，因为他认为自己比你伟大得多。"但是，林肯却反其道而行之，察觉蔡斯确有才干后，就任命他当财政部部长，并且十分器重他。

事实上，蔡斯的确是个自大狂妄、嫉妒心重的人。他一心追求最高领导权，本想入主白宫，却败给了林肯，退而求其次想当国务卿，林肯却任命了西华德，所以他只能当财政部长。因此，不甘心的他仍然在上蹿下跳地为谋求更高的职位而努力。

《纽约时报》主编亨利·雷蒙特拜访林肯时，特意告诉他蔡斯的作为，并问林肯为何要任用蔡斯。林肯幽默地说："雷蒙特，你知道马蝇吧？一次，我和兄弟在老家农场犁玉米地，当时那匹马很懒，慢吞吞地。但是，有一段时间它却跑得飞快。到了地头，我发现有一只很大的马蝇正叮在它身上，于是我把马蝇打落了，因为不忍心让这匹马被咬。我的兄弟遗憾地说：'哎呀，正是这家伙才使得马跑起来的嘛！'"

然后，林肯沉默了一下，意味深长地说："如果现在有一只叫'总统欲'的马蝇正叮着蔡斯先生，那么只要它能使蔡斯及财政部不停地跑，我就不想去打落它。"

林肯总统没有打压或排挤自大狂妄的蔡斯，反而巧妙地任用了他。这个故事值得领导们深思，既然目标是不断挑战更高的管理绩效，那为何不利用"马蝇效应"，充分利用那些有能力或特殊资源的人呢？

有能力的人由于有其他员工无法比拟的优势，所以工作表现不俗，也因而获得了充足的优越感，并逐渐演变成高傲、自负和野心勃勃。例如，他们可能会认为自己是"权威人士"，是为公司立下汗马功劳的"功臣"，因此，独立性强，不把领导放在眼里。这类精英骨干，很有可能会与其他同事越走越远，最终成为团队冲突的源头。

对于这类下属，领导要了解"叮在他们身上的马蝇"是什么。从心理分析角度看，这类自大的员工往往希望通过挑战更高的目标、更广阔的工作范畴、更有难度的任务来显示自己超人一等的能力和无人可及的地位，以便获得更多认同和尊重。

那么，领导可以在对方工作时给予"冷处理"，让他认识到个人力量与团队力量相比是有限的。有时候，领导可以有意地利用对方的短处，安排其做他不擅长的事情，或者估计难以完成的事情，以挫挫他的傲气。如果下属没有完成，此时，领导不要落井下石，要和颜悦色地安慰对方，保全对方的面子和尊严，他就一定能意识到自己先前的狂妄是错误的，并加以改正。另外，在一开始，领导就要坚持制度面前人人平等，不要让员工误认为自己有某些优势或能力，就可以凌驾于制度之上。

除了有能力而有优越感的员工，有背景的员工也常自负狂妄。他的"后台"可能是政府要员、老板、重要客户、顶头上司，使这些员工有了"特殊的优越感"，认为就算是自己犯了错，凭借其"背景"也可能使他们得到从轻处理甚至免于处罚。

这类有背景的狂妄员工，身上的"马蝇"就是稳定的既得利益和某种心理上的满足感。因此，在与这类人交往时，最好采用若即若离的态度，保持一定的距离。如果对方在工作中表现得非常平庸，但仍有意无意地炫耀自己的后台，那么领导不可姑息，应该机智地教育，否则难以服众。若对方在工作中有上佳表现，领导可以适当地进行褒奖，但一定要注意尺度，不能言过其实或者把功劳都归在他一个人身上，以防对方恃宠而骄。

【修炼箴言】

越有能力的员工越不好管理，他们可能仗着能力而狂妄自大。领导应该具备融合多样性员工的能力，给他们发挥自己能力的舞台。但要让这些狂妄自大的员工卖力地工作，一定要有刺激他们的东西，找到"叮在狂妄员工身上的那只马蝇"。

7. 流水不腐，引进"鲶鱼"保持组织的活力

一个组织在衰败前，常有一些征兆：缺乏竞争力，员工倾向于安逸舒适，充满惰性；工作气氛看似一团和气，实则死气沉沉；组织发展缺乏生机……

看来，"一团和气"的集体不见得是个高效的团队，反而意味着员工工作积极性的降低，惰性的增长。久而久之，这种情况必然让组织走向衰落。

《吕氏春秋》里有言："流水不腐，户枢不蠹，动也。"意思是说，流动的水不会发臭，经常转动的门轴不会被虫蛀，关键在于"运动"。由此来看，领导要想让企业继续高效发展，就要让那些缺少压力、惰性上涨的员工"动起来"。此时，领导不妨运用"鲶鱼效应"。

"鲶鱼效应"源于一个故事：挪威人爱吃沙丁鱼，且市场上活着的沙丁鱼比死鱼价格高好几倍，所以人们都千方百计地想把活着的沙丁鱼带回港口。可这非常困难，因为沙丁鱼生性懒惰，不爱运动，加上返程时间长，结果渔民们捕捞的沙丁鱼很少有活着到达港口的。不

过，有一位老渔民出售的沙丁鱼总是活的，并且很生猛，而秘诀就是他在装有沙丁鱼的鱼槽里放了一条鲶鱼。原来，鲶鱼一到陌生环境，就会四处游动，沙丁鱼发现了这一"异己分子"，就会紧张地游动起来。这样一来，一条条沙丁鱼活蹦乱跳地回到了渔港。所以，鲶鱼效应是指在一潭死水的情况下，用"鲶鱼"刺激"沙丁鱼"快速游动，从而创造生机。

现在，不少企业或领导在进行人力资源管理或团队协调时，会使用鲶鱼效应。这样做，一方面可为企业补充新鲜血液，另一方面是用富有朝气的年轻生力军来刺激那些故步自封、因循守旧的懒惰员工，唤起他们的生存意识和求胜心。

日本本田公司的本田先生考察欧美企业时发现，许多企业的人员基本分为三类：不可缺少的干才，占 20%；爱岗敬业的勤劳员工，占 60%；整日偷懒不工作、拖后腿的庸才，占 20%。而本田企业里，第一、二类人更少一些，无进取心和不敬业的人很多。

本田先生知道全部淘汰第三类人既会让企业受到工会的压力，又会使企业蒙受损失，不现实。因此，他苦思冥想怎么才能让员工更具敬业精神。

后来，受到鲶鱼故事启发的本田先生，决心开始进行人事革新。本田公司的销售部负责人的观念比较守旧，部门工作滞后，影响了企业的长远发展。所以，本田先生为打破销售部沉闷的现状，决心找一条"鲶鱼"来。经过努力，他挖来了松和公司销售部副经理、年仅 35 岁的武太郎。武太郎能力很强，具有丰富的市场营销经验、过人的学识、惊人的毅力和工作热情，很快就调动了部门所有员工的积极性，增强了部门的活力，提升了产品的销售额，提高了本田公司在欧美的知名度。

受这次经验启发，本田公司每年都会重点从外部"中途聘用"一些精干的、30 岁左右的生力军，有时甚至聘请常务董事一级的"大鲶鱼"，目的就是为了刺激公司的"沙丁鱼"们保持积极性和活力。

由本田公司的故事可知，当一个组织或部门人员缺乏新鲜感，没有活力，惰性强的时候，为了刺激这些无进取心的员工，领导干部可以找一些外来的"鲶鱼"加入队伍，注入忧患意识、制造紧张气氛，促使大家都"动起来"。

但要注意，运用鲶鱼效应来刺激缺乏积极性的员工并非是一件简单的事情，并不是每次都能达到"引进一个，带动一片"的效果。在使用鲶鱼效应时，领导要注意以下几点。

一、准确判断你的下属是否不思进取

如果你所领导的企业有一个或几个进取心强、非常敬业的员工，那本身就在起"鲶鱼作用"。若是领导未能了解这个现实而执意从外部引进"鲶鱼"，会造成内部起哄，管理效率低下。要是长期从外部引进高职位的人，一些真正有能力和潜力的员工则可能得不到充分发挥才能的机会，他们或被磨掉斗志，或离开公司，这对企业是一种极大的损失。

因此，在使用鲶鱼效应前，领导一定要考察清楚，是否该部门所有的员工都不思进取、一味安分守己。如果是，再行动。若不是，领导可以从企业内部寻找"鲶鱼"，这样还能够节约企业的人力资源成本。

但问题是，一些领导干部很容易将企业的"鲶鱼"错当成"沙丁鱼"。当企业出现职位空缺时，领导从外部引来新"鲶鱼"，导致本企业内部的"鲶鱼"流失。如果他转向对手企业，一定会给自己的企业带来极大的威胁。所以，领导应该三思而后行。

二、如何与"鲶鱼型人才"相处也是一门学问

"鲶鱼型人才"非常有才干、能力。面对这样的下属，领导要摆正自己的位置，不要拿他们和自己比高低，更不能嫉贤妒能，不要因为害怕对方超越自己而不惜用手中的权力对其进行打击和压制。要知道，这样做压制的不是他一个人，而是整个组织，影响的是一个组织的发展。此时，领导要做的其实就是为"鲶鱼"创造条件，适当放权，让他们更积极、更主动、更意气风发地投入工作、施展才能，带动部门活跃发展。

鲶鱼型人才并非完美，也许有明显的缺点。作为领导，不应有求全责备的心态，不能因为对方的一点不足就否定其全部。用其所长，并通过引导将鲶鱼型人才的缺点所产生的副作用降到最低，这才是好领导。例如，鲶鱼型人才可能有些自傲，领导要引导其学会低调做人，讲究做人做事的方法，协调团队关系。

一位创业者曾说："公司要得到发展，就必须保证没有人在这里得到安闲舒适。"如果你领导的企业员工不思进取、安于现状，领导不妨运用鲶鱼效应，引进"鲶鱼"来唤起怠惰员工的忧患意识和竞争意识。

【修炼箴言】

"鲶鱼效应"是企业领导层激发员工活力的有效措施之一。运用前，领导要判断好企业的所有员工是否都不思进取、怠惰安逸；运用中，领导还要与鲶鱼型人才和谐相处。这样，领导才能通过"引进一个"起到"带动一片"的作用。

第六章
遭逢危险,沉着气场化僵局

　　每一位领导都可能会遭遇冷场、刁难、尴尬、僵局等情况。应对尴尬、化解僵局,需要领导具备沉着冷静的气质和应变能力。若领导遇事就大惊失色、手足无措,只会让人看不起。反之,交际能力强的领导总能因时而变、因势而变,针对不同的事情,巧妙地采取应变策略。这样的领导往往能给人留下临危不惧、镇定自若的印象。

1. 静观其变，学老子"无为而治"

领导在交际过程中和客户、下属、商界同仁难免会有磕磕碰碰，意见分歧大时可能会造成交际僵持冷场。这时候，不要急于下结论，不妨学学老子的"无为而治"。

老子的"无为而治"在这里可以理解为不干预、顺其自然、冷眼旁观。也就是说，不去刻意做什么，等一等、看一看，静观其变。很多时候，僵局会自然打破，麻烦也会化解，好运气也会到来。

不少人可能觉得这是消极的，完全没用。殊不知这里的"无为"，本质上是另一种"有为"。

因存在不同看法而产生激烈冲突时，沉默的确意味着什么也没做，但它却起到了避免冲突升级的作用。领导的沉默没有为事态的发展火上浇油，维护了领导的尊严。如果领导不理智地对下属责备辱骂，下属很有可能产生逆反心理，直言顶撞，让你丢尽面子。可以说，领导的沉默让事态缓和下来，且显示了领导的豁达大度和良好修养，令下属认识到自己的不足。

当然，沉默并非仅仅就是一言不发，沉默策略其实是指不通过言语而通过综合运用目光、神态、表情、动作等或明或暗地去传达自己的思想感情。例如，以严厉的目光、严肃的神情审视一个人，就能使对方迅速警醒，很快冷静下来，这有助于缓和冲突。

不动声色冷处理，是领导"无为而治"的第二招。

有些僵持冷场是由于尴尬造成的。有时候，一句话就能瞬间让场面变得很糟糕。如果对方故意捣乱找茬儿，而领导手足无措、大惊失色，很有可能会乱上加乱。此时，在心理上要保持住平衡，面不改色，显示出镇定自若的一面。这样，你给人的感觉就是坦率、正直，毫不畏惧的。

1860 年 2 月，亚伯拉罕·林肯身为美国总统的候选人，受邀到纽约库珀学会演讲。

当时，由于林肯主张废除奴隶制，所以，当地报纸上发表了许多攻击他的文章。因此，他刚登台还未开口时，台下便掀起一片嘲笑声、起哄声，一些人甚至高声叫嚷着让他滚下台去。

林肯全然不为所动，反而十分镇静地按照之前的准备演讲。他说得缓慢，在当时混乱的情况下可以说毫不吸引人，但是，情况渐渐发生了变化。会场安静下来，人们觉得林肯对当前奴隶制的争端见解独到，对激起公愤的原因也剖析得细致入微，听众都听得入迷了。

第二天，纽约的各大报纸都纷纷发表文章，赞扬林肯演讲得异常成功。

有些听众本来可能就对林肯有成见，故意来找碴。如果出面干预、压制，或者自己愤而退场，都不是最终解决问题的办法。对此，林肯以"置若罔闻"来应对。这种冷处理最终帮助林肯化解了僵局和尴尬。

顺其自然是"无为而治"的第三招。

领导在与人发生冲突或者陷入僵局时，有些问题或障碍不适宜采用直接的处理措施，只能运用时空的自然转变，或者情境的发展变化来促使问题自行解决。它不是回避矛盾，也不是优柔寡断，而是为了更有效地解决矛盾和冲突。

众所周知，任何事物的发展都有一个产生、发展、终结的过程。有时候，主客观的条件还不成熟，因此，领导要推一下，以等待最佳的时机。例如，矛盾非常尖锐，矛盾双方争执不下，领导也没办法拍板做出决策。那么，暂时把问题搁置一下，留下充足的缓冲时间，就有利于化解纷争，让大家求同存异。

例如，部门员工就某个议题进行会议。会上由于意见不同，两名下属争论不休，把会场气氛弄得很僵。此时，领导可以这么说："看来你们俩在这个问题上各有高见，要不你们会后再坐在一起讨论，我们先进行下一项议程。"

人们对事情的认识都是不断发展的。先搁置一番，再让矛盾双方通过认识、实践过程循环认知，双方起初坚持的见解可能会自行改变。这就顺其自然地达成了领导的预定目标。甚至，有些问题或矛盾根本无关全局，较劲儿有伤团结，不理会反而能让那些矛盾自生自灭，从而消除僵局和冲突。

注意，领导干部运用"无为而治"的方法处理僵局、冲突，必须要视情况而用、视情况而变、择机而动，做到适可而止，才能达到预期效果。

【修炼箴言】

静观其变、顺其自然，是精明领导在处理交际僵局或矛盾时常用的一种艺术。它不是什么也不做，而是指在处理时机不成熟或不宜主动明确决断的情况时所采用的一种暂时"搁置"、"冷冻"、"无视"的手段。通过它，领导能达到不处理而自发解决的实际效果。

2. 沉着应对，魅力领导巧救冷场

在社交应酬场合，人们都希望氛围愉快、满座皆欢。但是，由于话不投机或不善表达，冷场现象时常会出现。冷场是交谈即将失败的一个征兆，它如一块冰，让众人都窘迫不适。所以，在应酬中，避免冷场应该是领导交际的一种追求。

要避免冷场，领导事先要有一定的预见性，并采取措施加以预防。例如，在安排饭局座次时，尽量不要让最可能出现冷场的几个人坐在一起，还要将健谈者与内向寡言者适当地相互搭配，这样就可以稍稍起到避免冷场的作用。

为了让氛围更融洽，领导需要修炼一种承接话题的能力。众所周知，打羽毛球的话，如果不懂得如何接住对方打过来的球，游戏就没办法继续，双方都会感到扫兴。同样的道理，在应酬中如果不懂得承接对方的话题，谈话自然就难以继续下去，必然出现卡壳、冷场的情况。事实上，高明的承接技巧，可以使应酬中的氛围融洽起来。例如，对方说到去德国旅行，你也可以讲讲自己在当地旅行的见闻，即便自己没有去过，也可以引导对方详细谈论自己的经历。

当然，不希望出现冷场的话，事先要有点"库存话题"，以备不时之需。自命清高、曲高和寡会导致冷场，话题淡而无味、没有重点同样会引起冷场。刺激人们的谈话兴趣，或者增强人际吸引力，关键在于席间谈论的话题是否有趣、有益。领导可以观察席间的谈话者，注意对方对哪些话题是感兴趣的，对哪些话题是不感兴趣，甚至是不愿意提起的。例如，人们的情感隐私、家庭情况、短处不足等，都是不适宜谈论的话题。

如果席间真的出现了冷场，也不要惊慌，冷静处理、沉着应对，才能让氛围重新融洽、热闹起来。

一个好办法是巧妙地借用彼时、彼地、彼人的某些材料为题，借此引发交谈。这种"即兴引入"的方法非常灵活自然，能轻易化解冷场，不过这要求领导能思维敏捷、做到由此及彼的联想。

某公司的赵总招待从外地来的几位客户。由于双方不太熟悉，所以落座后竟一时无话可说，众人都埋头喝茶。赵总一看冷了场，特别想活跃气氛。

正巧服务员上菜，赵总瞧见几位客人都对菜品很感兴趣，就笑着说道："大家远道而来，我特地点了本地的传统特色菜。不如我给大家介绍一下？"几位客人都点头说好。

于是，赵总就打开了话匣子："这是我们招待贵客用的，每道菜都包含祝福。鸡和鱼，象征吉庆有余，豆腐是'都有福'，藕合寓意和和美美，丸子是'团团圆圆'。以前，我们这里比较穷，春节招待客人时，比较值钱的鸡和鱼都是摆在桌子中间，只能看不能吃的。客人来做客，一看就晓得，所以有时一只鸡一条鱼吃到正月十五还是完整的。"说到这儿，赵总话锋一转，"今天我们公司可是真心真意要宴请各位，看，我们没把鸡、鱼放在桌子中间吧？"

一听这话，几位客户都笑了，席间氛围顿时轻松起来。

通常，没话找话是讨人嫌的，但在冷场时，能在没话时准确、恰当地找到可说的话，就能增加交往、融洽气氛。例如，在饭桌上，谈谈眼前的酒，说一说这酒的种类、香型和特点，再由此去拓展其他话题。这样做，除了化解了冷场，还能让客户感觉你是个有品位、体贴人的领导。有了这样好的第一印象，接下来的交往就会顺利许多。当然，引入话题，评论某件物品时，不应用挑剔的口吻，多用赞美的语言比较好。

饭桌上最重要的是气氛。有句俗话说得好："一人向隅，满座不乐"。如果饭局中有一个人不开心，情绪僵，会弄得整个席间都不能畅聊畅饮。此时，领导要用幽默诙谐的语言对其进行开导。

某宣传部门的李主任和一家媒体的领导徐总谈工作，正巧偶遇了该领导的女儿和女儿的论文导师宋老师。宋老师是典型的知识分子，在酒桌上很不自然，徐总的女儿则一直担心自己很难写出好论文。徐总看到两人如此，吃饭也提不起兴致来了。大家闷着头吃饭，说话有一搭没一搭的，气氛有点僵。

见状，李主任说："我想起一个故事，跟写论文有关，说不定会对你们有点启发。"见徐总等人有了兴趣，李主任就接着说："一个山洞前，狼发现了一只兔子，想吃掉它。但兔子喝道：'你敢吃我！你看我写的论文。'狼一瞧见论文题目是《论兔子如何吃掉狼》，就哈哈大笑："你能吃掉我？'兔子就说论据在山洞里，不服进去看看。结果，狼随兔子进了山洞，一声惨叫后，兔子独自走了出来，继续趴在山洞前写论文。过了一会儿，一只狐狸想吃兔子，兔子就如法炮制，结果狐狸消失在山洞里。片刻之后，一只打着饱嗝的狮子走出山洞，兔子呈上论文总结——'写什么论文并不重要，关键看你的导师是谁！'"

话音刚落，徐总、徐总的女儿和宋老师都拍手称妙，先前的闷闷不乐一扫而光了，气氛融洽起来。

1949 年，毛泽东和国民党谈判代表刘斐先生会谈。毛泽东一上来就问刘斐："刘先生是湖南人吧？"刘斐有点拘谨地说："是，我是醴陵人，和主席邻县，算是老乡。"毛泽东带着浓重的湖南口音风趣地说："噢，老乡见老乡，两眼泪汪汪哩！"一听这幽默的话语，刘斐顿时放松下来，会谈的氛围也缓和了。

总而言之，领导应该事先做好准备，避免应酬时冷场。若是不巧气氛比较僵、冷，也不要慌乱，根据现场情况，沉着应对才是最佳办法。

【修炼箴言】

领导在人际交往过程中，千万不要因为怕冷场就乱说话，遭遇冷场也不要急着乱找话题。关心、体谅、坦率、热情，是打破冷场最有力"武器"。只要以这样的态度去努力，"坚冰"可以融化，尴尬局面不难打破。

3. 巧妙示弱，消除员工的抵触心理

曾国藩早年认为只要自己行得端正，就可以压得住邪，什么事情都能办好。但在残酷的现实中，他却处处碰壁。后来，他再读《道德经》，认识到"大柔非柔，至刚无刚"的道理，恍悟自己之前太过刚直。因此，他改变了过去为人处世的策略，决心以柔化刚。

　　1858 年 6 月，曾国藩接到令其重掌湘军的命令。启程前，他一改过去那种动辄对立、参奏地方官员的姿态，反而给军队的重要将领、各地方的重要官吏每人致信一封，语气谦恭，乞惠"指针"。这种态度的改变，让其他对其有抵触、刁难之心的人反倒不敢怠慢，也为以后湘军的更好发展铺平了道路。

　　由曾国藩的故事可知，为人处世过于刚硬并不好，聪明的领导在与人交往时应该明白柔的道理，懂得示弱。

　　领导在别人眼里，就是强势的代名词，是强者。如果与人交际时，还非常强势、强悍，就会令员工无所适从。尤其是在发生争执时，如果领导态度过硬，必然会引起员工的抵触和反抗情绪，无疑是火上浇油。此时，善于示弱，说说软话，在那些吃软不吃硬的员工那里，反倒很管用。

　　一家精密机械工厂，委托该企业下的一家分工厂制造新产品的一种零件。分工厂将制作好的零件送往总厂验收，结果却统统不合要求。总厂的项目负责人让分厂重新制作，但分厂的负责人则认为自己完全是按照图纸规格生产的，拒绝返工，双方僵持不下。

　　总厂的一位领导弄清了事情的来龙去脉，然后和气地对分厂的负责人说："这件事完全是我们的设计人员工作不仔细所至，实在很抱歉。幸好有你这么认真，才让我们发现了这点纰漏。只是事到如今，咱们总要妥善解决，不能推迟新产品的上市日期。我们不妨把这些零件制作得更完美一些，这样对咱们都有好处啊。"

　　分厂的负责人一看领导态度这么好，话也在理，便欣然应允。

实际上，领导恰当而得体地示弱，不仅会让自己在处理各种工作关系时更加游刃有余，而且有利于拉近与员工的关系，增强领导的魅力。

所以，领导在平日里与员工相处，不妨平易近人，这是一种策略性的示弱。例如，在做决策时，领导不要总是强势地否决员工的建议，非要证明"我是领导我全能"。即便你真的非常有能力，这样做也会让员工感觉"被独裁"了。领导不妨这么说："这件事很重要，小王，你说说你有什么好办法？"询问员工的意见，就是对员工的看重、认可、信赖，会让员工觉得自己值得领导托付，所以他会非常有做事的积极性。

如果领导并不如员工专业，那么员工可能会想："领导还不如我懂得多，怎么指导我的工作？他指导得了吗？"这种对于领导的抵触、不信任情绪，并不是强势指责能化解的。领导放低姿态、示弱、虚心求教反而能打破这种紧张和僵持。

领导不是完人，有时，不妨示弱，态度谦恭一些，表面上看是"弱"了，但实际上却抓住了事情的主动权，达到了本来的目的。尤其是女性高管，不必总摆出一副"女强人"的样子，恰当地运用示弱，反倒能成为你管理有方、交际有力的利器。

需要注意的是，这里虽然讲领导要示弱，并不是说领导应该凡事一味妥协，也不是说柔弱之术就能够解决一切问题。在某些时候、某些场合，适当示弱的确比强势刚硬更有效。但是，如果领导过于谦和，会让人觉得怯懦，久而久之，员工就会认为领导是软弱无能的人。结果领导丧失了自己的威信和尊严，严肃性、指挥性、权威性大减，反而不利于管理。

所以，领导示弱也是有底线的，不能处处示弱。该刚强的时候，一定要表现出领导的威严和强势，令下属敬佩。至于何时该硬，何时该软，领导要学会用辩证分析的方法，结合具体公关对象和具体环境背景去判断。

示弱不是真的弱，是一种智慧的强。在面对僵局时，领导应恰当运用这一交际艺术。

【修炼箴言】

当员工有抵触心理时，领导不能一味强势刚硬，这反而会激发员工的逆反情绪。此时，适当示弱比强势更有效。

4. 自嘲自侃，领导如何幽默解尴尬

适时、适度的自我调侃，不失为一种充满魅力的交际技巧。领导若能善用这一交际技巧，就能消除隔阂戒备，制造出轻松和谐的交际气氛。

如何正确地运用自我调侃的方式来消除隔阂呢？

一、因失误刺伤他人尊严时，要调侃自己，让对方心理平衡

自我调侃能给别人台阶下，维护他人的面子，消除矛盾。如果领导在谈话中刺伤了人家的自尊心，就必定会得罪人。这时，用自嘲调侃的方法把话说得幽默点、真诚点，使对方感到悦耳就可以"脱身"。

中秋佳节，乾隆皇帝在御花园召群臣赏月。自恃才高八斗的乾隆为增雅兴，出了一个上联：玉帝行兵，风刀雨剑云旗雷鼓天为阵。然后，

他请群臣对下联。大臣们都恭维皇上文采好，表示自己才学浅陋对不出。唯有纪晓岚不慌不忙道："龙王设宴，日灯月烛山肴海酒地作盘。"

平心而论，纪晓岚的下联对得工整，气魄宏大，比乾隆的上联犹有过之，可谓非常绝妙。可坏就坏在这里，好胜的乾隆皇帝怎么能容忍臣下不给自己面子呢？

纪晓岚一看乾隆脸色阴沉，就明白了个中原委。他灵机一动，调侃道："陛下贵为天子，故风雨雷电任凭驱策、傲视天下；微臣乃酒囊饭袋，故视日月山海都在筵席之中，不过肚大贪吃而已。"听了这话，乾隆的不悦顿时散去，笑着说："爱卿饭量虽好，如非学富五车之人，实不能有此大肚。"

调侃自己，往往是撕破自己尊贵的面子，大胆地"亮"自己的"丑"，给别人准备台阶，使对方获得心理平衡。实际上，这是一种心理成熟的表现。领导的自嘲不仅能带来幽默的氛围，还展示了自己洒脱、真诚的魅力。

二、遭遇尴尬时，自嘲可解围

在社交中，领导有时难免会陷入尴尬的境地，而自嘲可以给自己解围。2011 年 3 月，美国副总统乔·拜登在莫斯科国立大学演讲时忽然口吃，他怎么也没办法说出已入狱的俄罗斯石油大亨米哈伊尔·霍多尔科夫斯基的名字。当时，拜登说："过去几个月，美国一直反对对于……呃……那个……霍尔多……科夫斯基的审判。"全场哄堂大笑。不过，拜登很快就平静了下来，他略羞怯地说："这下你们可有的说了，我在俄罗斯表现得不怎么样。"拜登借助自嘲，让尴尬顿消，而且还维护了自我的尊严，消除了耻辱感，将自己宽容大度的形象摆在众人的面前。无疑，自嘲是化解尴尬的"灵药"，有助于降低人际纠纷。

总而言之，用自嘲来化解矛盾和僵局，是非常不错的交际技巧。但要注意，自嘲不是自我辱骂，不是过于贬低自己，领导要把握住分寸，注意场合、时机和对象。只要领导在自嘲时能做到审时度势、见机行事，就可以摆脱敌意、尴尬。

【修炼箴言】

自嘲是在尴尬的处境下，为自己诙谐辩解的一种交际艺术。领导若能运用自嘲，就能缓和自己和同事、下属之间的紧张关系。同时，自嘲所展现的幽默、大度也让领导的魅力倍增。

5. 运用发散思维，谈话中打好圆场

人们之所以有时陷入僵局，是因为当事人没有能从固有的习惯性思维圈里跳出来。这也就是说，要想在交际中打圆场，就要跳出原有的思维模式，把引发僵局的事物、时间或问题调换到一个新的角度重新解释，从僵局中解脱出来。

由于不甚了解，交际的双方或某一方可能会出现让对方迷惑不解的举动，导致尴尬出现。此时，为了缓解现场的氛围，领导可以假装不明白尴尬举动的真实含义，而是从另一种思维出发来给出一种"合理"的理由或动机。

前苏联领导人戈尔巴乔夫曾访问美国。在出席送别宴会的途中，戈尔巴乔夫突然在闹市下车，和路旁的美国行人问好。

当时，前苏联的安保人员刚反应过来，急忙冲上去。因为害怕行人身上藏有武器，他们喝令站在戈尔巴乔夫身旁的美国人赶快把手从裤袋里抽出来。行人感觉莫名其妙，责问这是为什么。此时，气氛十分紧张。戈尔巴乔夫的夫人赖莎十分机智，她赶忙打圆场，向美国路人解释道："他们的意思是说，请你们把手伸出来，跟我丈夫握手。"

这种圆场话化解了美国人的疑问，也消除了由此带来的尴尬局面。一时之间，很多美国人都伸手和戈尔巴乔夫握手致意。

把安保人员的不礼貌喝令解释成为"希望与美国人握手"，这一下子就把之前的紧张消除掉了。这就是不按正常的思路走，从另一个角度找到合理解释，从而引导局面朝有利的方向发展。

有些时候，从正面思考，事情会无法解释，也无法处理。此时，若跳出习惯性思维，从事情的反方向去思考，反而能令谈话或交际变得愉快。

一家餐厅为招揽生意，每当客人离开时，总要奉送点心一盒，内附一张精致的"口彩卡"，上印"吉祥如意"、"幸福快乐"等吉利话。

一天，一对美国新婚夫妇打开餐厅奉送的点心盒，却没有发现"口彩卡"。这对夫妻顿时感觉不吉利，于是找到餐厅"问罪"。丈夫还算克制，追问原因，但妻子却委屈得落了泪。

　　服务员知道是自己忙中出错，忘记放了，一个劲儿地赔礼道歉，但却无济于事。正在这时，餐厅经理出现了，微笑着用英语说道："No news is the best news"。意思是说，没有消息就是好消息，一句话就让客人的妻子破涕为笑。这对夫妻与餐厅经理高兴地握手拥抱，连连道谢。

　　没有吉利话，是否一定是绝对的不好呢？不一定。事情不能从一方面看，有时候反过来想就又是另一种解释。领导如果遇到这样的事情，不妨转动脑筋，逆向思考寻求开解之道。例如，一位客人买了一幅象征富贵的牡丹画，但是第二天却打电话要来退，原因是画里面有朵牡丹画在纸边上，只剩下半朵了，认为这是"富贵不全"。画廊的经理灵机一动，反向思考，故作惊讶地说："哦，你把它叫做'富贵不全'呀，我这里叫它'富贵无边'。"客人一听，连声称好，也不退货了。

　　有些事物与好意相关相连的，容易找到好说法，让双方从不快中摆脱出来。但是，有的事物是风马牛不相及的。这时候，就需要用发散思维，巧妙、积极地去推理联想，从而把两件看似完全不相关的事物连在一起，且合情合理。

　　某集团的赵主任去给退休的老领导庆祝80大寿。另一位领导因在外地出差，没法出席，托人送了个蛋糕。席间，当老领导乐呵呵地打开蛋糕盒子，却发现盒子裂开了一道缝。老领导的脸阴沉下来，老领导的爱人一时嘴快，嚷道："哎呦，这个蛋糕盒子怎么裂了个缝？这多不吉利啊！"话音一落，刚才欢快的气氛被一扫而光。

　　这时，赵主任急忙站起来，笑着说道："老领导，这可是您老寿星的好兆头啊。这就叫作80岁以后'开心'过！来，我敬您一杯，祝您以后永远开心幸福。"赵主任这么一说，其他人都纷纷称是，气氛又活跃起来。

按照习俗、迷信等说法，有些事情，如梦见掉牙、桌子上有钉子、东西碎了，都是不吉利的，或者不合时宜的。此时，用发散思维，转换成另一个意思，巧妙地把不吉利转化成好意、好兆头，便能让气氛缓和。其实，我们文化中存在一字多义、一事多说法的特点，所以，领导若能掌握这一交际方法，一定能打好圆场。

【修炼箴言】

从习惯性思维出发去化解僵局，不一定自然、有效。有时候，运用发散性思维，从其他角度或逆向思维来解释，反而能把不好的事情变成令人高兴的事情。这从表面上看是辞令，其实体现出的是领导的智慧。

6. 同行竞争，如何以机智脱困境

组织在发展过程中，会遇到强劲的竞争对手，或者出现重大危机。此时，员工可以慌了阵脚，但领导一定不能乱了分寸。

《三国演义》里马谡失街亭，司马懿率兵直逼西城，此时驻守在那里的诸葛亮根本没有兵卒迎敌。但是，诸葛亮却沉着镇定，根据司马懿的个性特点，布下了空城计，大开城门，自己则在城楼上弹琴。危急时刻诸葛亮的临危不乱、机智应对，着实让人佩服。领导应该学习这种"纵有泰山压顶，我自岿然不动"的镇定。

遗憾的是，现在的很多领导在面对竞争对手的来袭和攻击时，反而"未见交兵，先见败象"，强敌未到，自己却先乱了。其实，越是面对强劲的对手，越是身处诡谲危机时，越应该保持镇定。

金宣宗病重，朝内大乱，人心不安。金宣宗的长子完颜守纯怨恨父亲竟然立第三子完颜守绪为皇太子，便打算趁此机会和自己的母亲庞贵妃一起兴兵举事、夺取皇位。

完颜守绪的母亲郑夫人稳健沉着，整日伺候宣宗，深得信赖。一夜，郑夫人独自照料宣宗，恰宣宗自知大限将至，便对郑夫人说："速召太子！"不一会儿，宣宗就离世了。

当时，郑夫人虽然悲痛，却并未大声呼唤他人，她明白宣宗既死哭也无用，眼下重要的是稳住宫中人心，阻止完颜守纯和完颜守绪为争夺皇位而发生内乱。因此，她并没告知任何人宣宗去世的消息。

当夜，庞贵妃来问安。郑夫人冷静沉着，灵机一动对庞贵妃说："皇上正在更衣，不便进去。你不如先在外室小憩等候。"庞贵妃信以为真，结果郑夫人立即将外间上锁。庞贵妃这才知道自己上当了。郑夫人立刻召集大臣宣布皇上驾崩，并立皇太子守绪为新帝。大臣们虽然伤感，但得知新帝登基，国家有主，心也安定了下来。另一方面，完颜守绪也先发制人，抓住了反叛举事的守纯。

一场将要爆发的内乱，在郑夫人沉着冷静的机智应变之下，巧妙地平息了。

在非常时期，领导常常要面对许多变数，也必须要做到招招到位才能化解危机和困局。不过，不论是查漏补缺还是出奇制胜，都要以沉着冷静的态度为前提。只有这样，领导才能看清危机的实质，理清思路，找准策略。

一般来说，知道了对手的意图或者危机的原因，就很容易制定出完整有效的应对策略了。但形式不同，策略自然也要适当变化。

竞争对手若已经出招让你陷入劣势地位，这时你就不能退缩和回避矛盾，要选择"进"的策略，即寻找对方的弱点，果断迎击，掌握主动权。

F·W·伍尔沃斯在某社区开了一家便利店。当时，一个在这个社区开店数年之久的便利店老板，在自己店外面挂出了一个牌子——"在此营业 50 余年"。一句话就彰显了自己的实力，吸引了不少居民。

面对此情此景，F·W·伍尔沃斯自然不甘示弱，他也在自己的店外挂了一个牌子——"一周前开业，绝无旧货"。这句话既唤起了人们求新的意识，也是对那家老店做出的有力回应。

当面对竞争对手的攻击时，一定要冷静，不要在意一时的得失，而要尽力去找对手的"最佳缺陷"，攻到对手能力不足的地方。

与"进"相对，另一种策略是"退"。你的对手过于强大，如果轻易出击，不但不能取胜，反而会遭到更大的打击，丧失重新振作的机会。因此，此时要避免与对手直接交锋，更宜采取明哲保身的办法。

著名书法家王羲之幼年很受大将军王敦的喜爱，常带王羲之在自己营帐里睡觉。一次，王敦起床后与钱凤密谋谋反之事，谈得正深入时，王敦猛然想起王羲之还在营帐内，为保密，他说："不得不把这个孩子除掉！"谁知，王敦拉开床帐，见王羲之的脸和被子都弄脏了，却仍睡得很香，就确信王羲之从未醒来，因此并未继续追究下去。

其实，王羲之之前就醒了，还听到了密谋之事，明白一旦暴露，自己必定性命难保。于是他急中生智，用手指涌喉部引呕吐，把自己弄得很窝囊，才逃过了灾祸，保全了性命。

在陷入死局时，不要计较一时的得失，逞强应对，要随机应变，见机行事，找到突破危机的关键点。有时候，临危装傻虽不及临危不惧有魄力，但也不失为一个高明的应变之术。

领导临危不乱、从容应变是一种魄力，更是一种智慧。当然，随机应变的能力并不是一蹴而就的，需要在平时的积累中不断获得。领导要常常自我反思，多了解对手，再罗列出应对之策。

【修炼箴言】

当你的竞争对手想要攻击你时，最好的应对方法就是保持清醒。想要在关键时刻能脱颖而出，领导必须有沉着冷静的态度，英明果敢的决断。只有这样，你才能看清危机的实质，才能够理清思路，明确定位，找准策略。

7. 应对客户刁难，含糊其辞不会错

生意场中有一部分客户爱刁难人，无论是对价格、服务、付款方式、违约责任、责任权利义务等都非常挑剔，让人难以忍受。但刁钻型客户毕竟也是客户，虽然难相处、不好打交道，还是应该重视这些客户。

怎样征服这些爱刁难人的客户呢？

首先，一定要沉得住气，不可逞口舌之快。

刁钻型客户爱挑剔，喜欢把你辛苦准备的产品目录、解说资料、市场调查说得一无是处。甚至，他们还任性地指责你说得通通不对，毫无道理。此时，你若发怒，那就意味着这场交易的失败。面对这样的客户，要忍让包容，并以静制动。偶尔幽默地说一些委屈的话，将有助于化解对方的嚣张个性，慢慢地，他就成为你的囊中之物了。

其次，对于刁钻客户提出的动机叵测的刁难，要以其人之道还治其人之身。具体办法就是用语义不明确、变通性较强、模棱两可的措辞去应对，给对方非实质性的回答。

宋代文学家王安石的儿子王元泽非常聪明。幼年时，一位客人把一头獐和一头鹿放在一个笼子里，然后问王元泽哪一头是獐，哪一头是鹿。王元泽之前并未见过獐、鹿，不能清楚回答。但他并没有说"不知道"，而是机智地答道："獐旁边的那头是鹿，鹿旁边的那头是獐。"

王元泽并非指明哪头是獐，哪头是鹿，但是他的回答却也没有错。之所以产生了这个结果，是因为他用了含糊其辞的应答方式。

说话本来应该准确、清楚，但是现实中，有些话却不应该说得那么直白，不该说得太实、太死。面对爱挑剔的客户，此时要脱身，就要说一些模棱两可的话。这些话具有模糊性，似是而非，让对方无法再挑剔。

领导是组织的代言人，有时也同新闻发言人一样，要应对客户或者媒体的盘问。如果有些事情太敏感，没法正面回答，或有些问题不好回答，但又必须说些什么才能下台，就可以采用上述的方法。

当然，这里所说的含糊其辞、模棱两可并不是要教人们敷衍应付，专找别人爱听的说，而是要具体问题具体分析，根据当时的情景避实就虚、巧妙回答。

掌握含糊其辞的应对技巧，善用模糊语言，在应对刁难型客户时十分重要。但这种技能的练成并非一日之功，需要领导平时的留心积累。若运用得当，在各种环境下，领导都能在唇枪舌剑中全身而退。

【修炼箴言】

应对刁钻型的客户，领导一定要保持沉着的气场，以此威慑和感染对方。如果仍不可避免地要回答两难型的问题，领导不妨反其道而行之，用含糊的语言回答他的问题，借此摆脱困境。

8. 打破交际僵局，领导需知四件事

在人际交往时，有些人在一起自然投机融洽，有些人则似天生对头，互相不服气、看不顺眼，怎么也发展不了关系。领导在交际过程中，肯定也遇到过这样的人或事情，以致造成了交际僵局。现实中，有些领导善于打开僵局，没有解不开的争执；而有些人却使局面越来越僵，严重影响了领导的人际关系，甚至影响了领导的工作成效。

如果遇到交际僵局，领导要如何打开局面、消除困境呢？

一、反思自己

考察大部分僵持对峙局面的话，我们会发现，交际僵局通常发生在两类人身上，一种是清高自大的人，另一种是内向孤傲的人。这两类人的个性特点都是自尊心强、自我封闭，有些自以为是。

因此，领导要首先反思自己，是不是自己过于敏感，误会了他人的好意，或者是不是自己过于强势、言辞不当，以至于伤害了他人的自尊。如果是这样，领导首先要转变自我错误的意识，树立开放的思想，调整自己的言行。

认错、道歉并不是输家。强词夺理，气势凌人，让交际僵局更僵的人才是输家。

二、放低姿态，避免争斗

争吵无助于矛盾的解决，只能使其激化。如果交际双方出现争吵，对立情绪加重，那就更难打破僵局。即使一方在争吵中获胜，另一方从感情上、心理上都很难持相同的意见，从而为两人未来的交往设置了无数的障碍。所以一名优秀的领导不应通过和别人大吵大闹来解决问题。

如果对方存在成见，领导不妨先当亲善大使，做到微笑、亲切、风度、礼貌。所谓"举拳不打笑脸人，恶口不骂赞美者"，春风吹来，寒冰还能不破吗？就算对方对你有成见，你主动打个招呼，真诚地对对方嘘寒问暖，隔阂也能消解。如果这种状况是长期的，领导可以在平时有意无意地在其背后说好话，盛赞对方，由其他人不刻意地、婉转地转达对方，可能会收到打破僵局的效果。

三、大局为重，勿计个人小利

僵局的发生，大都是因为相关人士斤斤计较利害得失。领导要有大局观，不能因为个人的一点得失而让整个企业或组织损失巨大。

蔺相如出使秦国，保住了和氏璧，维护了赵国的国威。他随同赵王与秦王相见，凭借智慧与勇气挫败了骄横的秦王。因此，蔺相如得到了赵王的器重，被奉为上卿，官在老将军廉颇之上。

老将军为赵国出生入死，有攻城夺地之功，但蔺相如只凭三寸不烂之舌就官高于自己，廉颇自然不服。廉颇宣扬再见蔺相如时，一定要当面羞辱他。

蔺相如听说此事后，没有生气，反而处处躲开廉颇，一让再让。蔺相如的随从们很不理解，认为蔺相如怯懦，不愿再跟随他。蔺相如说："人们都知道秦王厉害，但我连秦王都不害怕，怎么会害怕大将军呢？我之所以不和廉将军发生冲突，是以国家利益为重。要是我和廉将军互相争斗，结果必有一伤，赵国的力量也会被削弱，国家就危险了。所以，我不和廉将军争执计较，是为了赵国啊！"

这番话传到了廉颇那里，廉颇既感动又惭愧，便负荆向蔺相如请罪。从此，廉颇和蔺相如将相团结，结下了深厚的友情。

打破交际僵局是交际双方的事情，单靠一方肯定是不行的。但如果领导主动做出姿态，适时退让，是值得肯定的，也是必要的，它能唤起对方的响应，给对方震动和感召。

四、宽容大度

在人际交往中，大家都喜欢与宽宏大度的人共处，而不愿意与狭隘的人为伍。在与人发生冲突时，若对方是无心的，领导要"宰相肚里能撑船"，原谅对方。即便对方是有意为之，陷入交际僵局之后，也不要算旧账，说坏话，恶意攻击，这是不受人欢迎的。

某连锁店的周总，在一次出席宴会时被人讽刺受教育太少，是暴发户。

周总没有生气，而是坦然地开玩笑说："没错，我出身穷苦家庭，小时候，别的孩子做模型飞机，我却只能做模型馒头。我们从来不穷，也没挨过饿，就是有时会把吃饭的时间无限延后罢了。"

周总没有斥责对方，只是用幽默的语言使僵局冰释。宴会上的其他人都觉得周总有修养，做人大度。

人与人之间相处，有误会和僵局都是难免的，就算亲密如夫妻和父子也有冷战的时候。领导若是剑拔弩张，必然让僵局更糟糕，不妨在自省的基础上，以大局为重，用宽容来化解矛盾，用友善来打破僵局。

【修炼箴言】

佛家说得好，"柔软心"、"慈悲意"。面对僵局，只要领导真诚、热忱，采用适宜的方式，自然能打破寒冰似的僵局。

第七章
进退有度,谈判桌上巧制胜

　　领导要想在职场和社交场上"吃得开"、"行得通"、"玩得转",就要有交涉方面的能力。或在职场纠正上司的错误、说服下属接受重任,或在谈判桌上获得合作伙伴的让步,或在社交应酬中八方玲珑,都需要领导用交涉力完成协商谈判。有了它,领导就能在交际中游刃有余、稳操胜券了。

1. 谈判交谈有分寸，适度巧说能双赢

毋庸置疑，在某种程度上，言语可以反映出一个领导的秉性、素质与修养。一个成熟的领导人，在说话时一定会把握好分寸，这样会给人一种三思而后行、深思熟虑的成熟感觉。在与人谈判、协商时，倘若领导能把握好分寸，步步为营，更容易达成某种目的。

霍华德是一家服装公司的经理，最近他看到另一家服装公司已经濒临倒闭，认为如果能够将那家公司收购过来，再对经营方式加以改进，会有利于自己事业的拓展。于是他找到那家公司的老板，说出了自己的要求。

那家公司的老板名叫艾伦，见霍华德有收购自己公司的打算，倒也觉得是个不错的建议，毕竟它快要倒闭了，而自己又难以挽回。但是霍华德提出的价位是艾伦难以接受的，他认为价位太低了，同时，艾伦说出了自己所能承受的最低价位。

霍华德听后，哈哈大笑起来，说："你太荒唐了！要知道，我要收购的可是一家快要破产的公司！你应该知道你的公司就要倒闭了，既然如此，你为何还提出这么高的价格呢？依我看，我出的价格已经够高了。把你的公司卖给我，让我来救活它吧！"

艾伦听后，感到霍华德太狂妄了，说要再考虑一下。

霍华德说："希望你能快点做决定，我看你已经没有更好的选择了！"

霍华德没有想到，艾伦在几天后就找到了另一个打算并购他公司的人。于是，艾伦转而把公司卖给了另一个人。

经理霍华德的计划之所以没能实现，一个重要的原因就是他的态度过于傲慢了！他认为对方没有更好的选择，就趾高气扬、目中无人。如果他说话能够注意一点分寸，结果可能会不一样。

与人商讨一件事情，如果想要别人答应自己的请求，不应该着急说出自己的愿望，而需要由小到大、由浅及深、由轻到重，不可操之过急，更不能操之过激。如果一开始就提出太高的要求，一定会遭受对方断然拒绝，所以应该拿捏好分寸，让别人一步一步地接受你的说法，最后答应你的请求。

一句话，说话时要做到言之有度；与此相反的则是"失度"。何为"失度"？对人出言不逊，当众揭人短处，抑或该说的不说，不该说的乱说，这些行径都是"失度"的表现。那么，领导应该怎样避免说话失度呢？大致来说，需要做到以下几点。

首先，在谈话中，要懂得不触及他人隐私。在敏感的话题排行榜中，首先就是涉及别人隐私的话题，这些话题不可轻易触碰。在现代社会，人们的隐私观念日益强化，年龄、体重、薪酬……这些问题都成为隐私的范畴。领导若与他人讨论这些话题，就十分容易招致反感。

再者，对于争议性话题也要能免则免，而不该随意谈论。比如宗教、政治、党派……除非可以清楚地拿捏对方的立场，否则应避免谈到这些敏感话题，以免引起不必要的僵持、冷场等窘况。

另外，对于他人的不幸，也不要过多追问，除非对方主动提起。无论婚姻问题，还是家人去世，都是容易引起别人反感的诱因。如果只是为了满足自己的好奇心而不断追问，这样只会引发对方的愤怒与反感，让气氛尴尬无比。

【修炼箴言】

领导应具有的一大魅力就是会说话，知道什么话该说，什么时候该说。谈判桌上，领导要想让对手折服，侮辱尊严的话不可说，触犯隐私的话不可说，争议大的闲话不可说。谨慎的言行能让领导收获对手的尊重和喜爱。

2. 以退为进，于被动中稳操胜券

实际上，退不过是一种表面形式。一方在形式上采取了退让，那么对方就容易从中得到心理上的满足感。这对于退让的一方是有好处的，因为对方不但思想上会放松戒备，而且作为回报，或许他也会满足你的某些要求。

萨克斯被推举为代表，受爱因斯坦等科学家的委托，要设法说服罗斯福总统重视原子能的研究。1939 年 10 月的一天，他终于等来了一次面见总统的机会。

　　萨克斯见到总统，先把爱因斯坦的长信递交给他，接着，萨克斯朗读起了科学家们关于核裂变的备忘录，竭力想说服罗斯福总统。然而，总统不为所动的反应，让萨克斯感到很沮丧。罗斯福对那些艰涩的论述反应十分冷淡。尽管萨克斯费了九牛二虎之力，从总统嘴里得到的却是这样的结论："这些都很有趣，不过政府在现阶段做此事，看来还为时过早。"

　　早在 1939 年春夏之交，德国曾连续多次召开原子科学家会议，研究制造"铀设备"问题。如果数百万德国钢铁军团，再装备上在当时绝无仅有的核武器，那么欧洲战局将难以设想。萨克斯深刻地意识到了问题的严重性，便下定决心：无论如何，一定要设法说服总统。

　　第二天早上，罗斯福总统邀请萨克斯共进早餐，因为他感觉到，昨天对萨克斯提案的拒绝有些坚决，显得很不礼貌。不过他这样说："你又有什么绝妙的想法？今天不要再说爱因斯坦的信，最好一句话也不要提，明白吗？"

　　萨克斯闻言，便说："我今天不再谈核武器了，只想讲点历史。英法战争期间，拿破仑曾在欧洲大陆不可一世，然而在海上却屡战屡败。这时，富尔顿——一位年轻的美国发明家提出建议，说可以把法国战舰的桅杆砍掉，撤去风帆，装上蒸汽机，把船上的木板换成钢板。然而拿破仑并没有采纳这个建议，因为在他看来，船没有帆就不能走，木板换成钢板，船就会沉没。他这样一想，便轰走了富尔顿。历史学家在评述这段历史时，认为如果当时拿破仑没有轰走富尔顿，而是采纳其建议，那么 19 世纪的历史或许可以重写。"

　　语毕，萨克斯目光深沉地注视着总统。罗斯福这时沉思起来，过了几分钟，便说道："你胜利了！"

萨克斯之所以最终能说服总统，就得益于他采取了以退为进的策略。当总统提出不要再谈及核武器研究问题时，萨克斯作出了让步，果然没有再提。但是他却在对方不知不觉中实施转换策略，一方面明修栈道，另一方面暗度陈仓。罗斯福在不知不觉中，否定了自己最初的想法，从而使得萨克斯的谈判取得了成功。

在谈判中，以退为进的手法可谓是多种多样的。例如，领导可以替自己预留让步的余地，以便在与对方的讨价还价中能够有退让的空间，以满足对方的要求。然而需要注意的是，不可过快地做出让步，这是因为对方见你轻而易举地让步，不但不会获得心理上的满足，甚至会怀疑你的让步有诈。而缓慢地做出让步，不但能使对手在心理上得到满足，而且能更加珍惜这种让步。

齐景公非常喜欢打猎，还为此特地喂养了一些老鹰，专门用来捕捉野兔。这些老鹰由烛邹管理。有一次，烛邹不慎，让一只老鹰逃走了。齐景公知道以后，顿时大发雷霆，竟要将烛邹推出去斩首。

这时，晏子对齐景公说：“烛邹此人太过分，当真罪不可赦！以臣拙见，不能就这么轻易杀了他，让我先来宣布他的三条罪状，然后再将他处死吧！”齐景公点头允许。

晏子指着烛邹数落起来：“烛邹，你为大王养鸟，却让鸟逃走了，此为第一条罪状；你使大王为了一只鸟就要杀人，这是第二条罪状；把你杀了，天下诸侯便都知道大王重鸟轻士，这是你的第三条罪状！你知不知罪？好啦，大王，请将他处死吧！”

齐景公听后，沉默了一阵子，说道：“算啦，不必杀了！”

作为齐国的相国，晏子可谓能言善辩的高手。他的这番话说得相当高明，名义上是指责烛邹的罪状，实际上却是以退为进，在婉转地批评齐景公，迫使齐景公放弃了杀烛邹的念头。可见以退为进的关键在于要把重点集中于造成对方的错觉。这种错觉一旦形成，对方很可能做出于我有利的判断。

作为一种互惠，谈判时要让对方努力争取他所能得到的东西。对方要求什么，不要轻易地满足他，也不要坚决地否定他，而要让他通过努力争取来获得。在他付出一定的努力后，你继而再做出让步。这时候你的让步，往往会换取他在其他方面的让步。这当然是一种有益无害的让步。

在谈判中，要让对方尽可能多地发言，充分表明他的观点，详细说明他的问题，而你应该以少说为宜。对方的话说得越多，所暴露的信息也就越多，而回旋余地往往也就越小。少说话，意思是不说无关的废话、闲话，但要表明你的诉求。这样一来，你就很少曝光，可塑性很大了。两者的处境，就好比一个站在灯光下，一个躲在暗处。他看你一团模糊，你看他却是一清二楚。如此一来，你自然就掌握了谈判的主动权。

再者，除了让对方多说，还要设法让其先说，先让其提出要求。这么做，不仅表示出你对对方的尊重，又可以让你根据对方的要求确定你对付他的策略，可谓一举两得。

让步有两种，一种是实质性让步，另一种是非实质性让步。当对方提出某种观点或者表达某种诉求时，倘若你并不能接受，却退一步说或许可以考虑一下，这就是一种非实质性的让步，因为这种让步明显与利益无关，仅仅停留在口头上。但是，这种让步能给对方心理上一定的慰藉，因为至少你尊重他。这种做法有点"口惠而实不至"的味道，但它却是一种以退为进的成功策略。以退为进策略运用得法，

167

常常是很有效的。

【修炼箴言】

谈判是说服人的过程，而说服却不是总要采取摆事实、讲道理的强硬做派。有时候，退一步，看似忍让，再放低姿态陈明道理，反而能令对手信服。

3. 与上级领导交涉时，如何巧妙说"不"

如果是中层领导，你不仅需要对下属做好领导工作，也需要及时与上司沟通。有道是"人非圣贤，孰能无过"，上司也是如此，不可能不犯错误。当上司出现错误或者有犯错误的苗头时，而他本人又未察觉，这时候应该怎么办呢？这是很有讲究的，否则就有犯上的嫌疑。你本来是一片好意，却遭人误解，这不是得不偿失吗？

从工作和事业的角度出发，中层领导要敢于向你的上司说"不"，对其提出建议、意见乃至批评和否定，使之能及早改正和预防，这是有责任心的表现。关键是这个"不"字该怎么说？首先一点，就是要选择适当的时机。

一个中层领导如果害怕得罪上司，而选择唯命是从，对错误的决策不敢说"不"，结果不但会失去自我，还会失去别人的信任和尊重，影响自己的前途和事业。所以，中层领导必要时表达自己的声音，将有益于自己的职场生涯。

　　一般说来，中层领导对上司提出否定意见时，要注意以下几点。一是要在上司的思路正在形成时，说出自己的意见；二是要善于在上司的决策尚未实施时，说出自己的否定意见；三是赶在班子成员意见一边倒以前，说出自己的不同意见。

　　中层领导对上司的一些不恰当的想法、做法，应该通过商讨、分析、对话的形式，循循善诱，帮助上司认识到不足之处、错误之处，使上司自己主动说"不"，放弃那些不正确的想法、做法，这是作为下属说"不"的最高艺术。

　　杜娟是一位中层经理，在一家很大的金融公司工作。有一天，她从老板手里接到一份计划书，长达两页。这个计划书虽然是老板起草的，但是杜娟认为这个计划并不可行，会引起公司员工的不满。

　　第二天早上，杜娟来到老板的办公室，告诉他这个计划书不切实际，无法执行。老板却挥挥手，说："你不要管了，就执行好了！"杜娟仍然坚持自己的意见，说："我认为应该重新考虑。"然而，老板的回答依然是"不行"，而且态度很强硬，几乎没有任何商量的余地。

　　杜娟事后反省自己，难道无意中触犯了老板，以至于他这么倔强？她终于想通了，自己的举动在一开始就让老板有了防备之心。他刚走马上任，急于树立自己的权威，而自己却给了他一个下马威，让老板感觉到自己似乎不够资格管理这一切。她终于意识到，自己应该选择另外一种方式。

　　没隔多久，她第二次走进办公室，询问老板能否为此项计划书召开一次会议，以便让她本人和其他同事都能更好地理解这个计划的目的与执行方法。老板欣然接受，并马上确认了开会的时间。杜娟带着笔记本来到会议室，首先请老板讲述公司需要达到的目标，然后在现场提出了很多问题，请老板澄清她对此计划的理解。

在确信完全理解了老板的意图之后，杜娟在会议上用自己的话重新勾勒了公司所要实现的目标，以便让老板知道她已完全理解了。然后，杜娟提出是否能补充一些建议，并愿意加班在规定时间内交给大家讨论。老板没有反对。这样一来，老板终究采用了杜娟的计划书，并让公司贯彻实施。

中层领导指正上司，选择恰当的时机固然重要，但更要注重选择适当的方法。当上司尚未意识到自己所犯的错误，或者未察觉自己即将犯错误的时候，他很难接受他人的批评，一旦搞不好，还会使其产生反感。如此一来，别人的指正不但达不到预想的效果，还有可能把彼此之间的关系弄僵。

因此，尽量在私下说"不"。对方既然是上司，必然要在下属面前保持一种威严。上司要维护自己的尊严，中层领导也要帮助他来维护。所以，私下说"不"，不但能维护上司的尊严，也利于上司接受。

很显然，在否定上司的意见或建议时，一定要注意态度，不要粗暴地顶撞，或者表现出不耐烦、不屑一顾的样子。哪怕对方的反应激烈一点，也要以平和的心境和口吻与上司交换思想，说服其收回或改正不当的想法、要求。

在"晏子使楚"的故事中，楚王见晏子个子不高、其貌不扬，便想以此来取笑侮辱他，就令人叫他从狗门进入。晏子当然没有照做，而是说"出使大国应走正门，只有出使狗国才走狗门"。这番巧妙的言辞，迫使楚王让他从正门进入。晏子非常有智慧，他在受辱之际，并没有说一些过激的言辞，也没有表现得多愤怒，而是镇定从容地换了一种巧妙的方式，来表达其内心的不满，并取得了良好的效果。

世界上，把听取批评意见当做是一种嗜好的人，恐怕为数不多。听取批评意见，当然不如听到赞美让人舒服。所以，中层领导在向上司提自己的意见时，不要一开口就表示否定。即使你的意见是对的，也不要迫不及待地直接道出，而应该选择一种委婉的方式。

中层领导对上司的决策、意见中的合理部分，不妨先赞美一番，然后再有策略地对其不合理的部分或不良后果说"不"，尽量使谈话在友好的气氛中进行，最后再使用一些赞美之辞做结束语。这种两头赞扬、中间批评的方式，既可以减少冲突，又能够达到预期的效果，不正是一种明智的策略吗？

【修炼箴言】

在某些时候，中层领导需要指出高层领导的不当，或拒绝一项并不正确的发展计划。此时，直接说"不"是过激的、起反效果的。睿智的领导会以委婉的方式、比喻性的语言来减少冲突，和平解决分歧。

4. 知己知彼，把握核心信息

正所谓"知己知彼，百战不殆"，领导在谈判以前，需要通过调查，摸清己方产品所处的环境，掌握市场容量和销售量；也需要通过对竞争情况的调查，掌握竞争者的信息，寻找他们的弱点，掌握谈判的主动权。

要想赢得谈判的胜利，中层领导还需要对一般社会公众和消费者进行调查，摸清消费者的心理需求，把握其消费动态与发展意向，预测己方以及产品的竞争能力，这样做有助于同谈判对手讨价还价。另外，中层领导还要了解谈判的背景。当今社会，谈判的背景已经不仅仅限于国内市场；自中国加入世界贸易组织之后，国际市场的发展形势也对谈判起着重大作用。

在谈判以前，中层领导需要进行大量的基础工作，需要对有关谈判内容的客观情况进行调查研究，掌握大量的情报资料，做到有备无患。预测谈判问题、拟定与其相适应的配套措施……这都是对谈判内容的调查。谈判者在通过谨慎的、科学的调查分析以后，将预测出谈判中可能遇到的问题。针对可能出现的状况，谈判者应当事先制订应对计划，收集有关资料和信息，以便解决这些问题，寻找说服对方的理由，提出解决矛盾的方案。

亚默尔是位美国企业家，南北战争期间，他曾因对当时的社会背景做出一个清晰的判断，从而准确预测出猪肉价格的升降，从中大赚一笔。

当时，南北战争快要结束，市场上的猪肉价格很高。以至于很多人都吃不起。在亚默尔看来，这不过是暂时现象。战争一旦结束，猪肉价格马上就会跌下来。亚默尔是个有心人，密切关注着战事的发展，等待着市场即将发生的转变。

他一直坚持着一个习惯，就是每天读报。报上的消息时时更新着，他每天都看在眼里，并根据这些消息做出自己的判断。他推测到南军败局已定，只是不知道他们还会坚持多久。一天，一则看起来挺普通的新闻把他吸引住了。新闻称，一个神父行走在李将军的营地，突然跑来几个小孩。他们手中拿着许多钱，说他们打算买一些面包和巧克力，但不知哪里可以买到。这些孩子还告诉神父，他们已经两天没有吃到面包了。神父问，你们的父亲呢？他们回答说，他们的父亲是一个军官，在李将军手下谋差，同样也有几天没有吃到面包了。父亲虽然会带来一些马肉，但是那太难吃了，他们都不喜欢吃马肉。

看到这则消息，亚默尔立即做出判断：南军缺少供给，已尽人皆知；可谁又会想到，就在李将军的大本营里，竟也发生了这一状况！平时谁会吃马肉呢？现在竟到了宰马吃的地步，说明战争会马上结束。

亚默尔认为自己得到了一个机遇，只要好好把握，就会赚到一大笔钱。他立刻赶到东部市场，然后与销售商进行谈判，提出了一个大胆的"卖空"销售合同。按照合同，亚默尔以低于当时市场的价格卖出一批猪肉，约定迟几天交货。当地的销售商很开心，因为他没想到进货价格这样低。然而，他更加没有想到的是，战争结束，猪肉价格将会大跌。

亚默尔是明智的，果然不出他所料。在几天后，战局和市场都发生了根本性的变化，猪肉价格果然暴跌。亚默尔这位有心人，竟在短短几天内净赚了100万美元的巨额利润。

事实上，有些领导在谈判中之所以会失败，并不是因为他们不了解对方的情况，而是源于对竞争情况没有做到深入把握。可以说，这是一个致命的问题。很多情况下，谈判的优劣势不在于双方的实力对比，而是由大环境决定的。

例如，当进行一项采购协议谈判时，如果买方能够开发更多的供货方，那么即使某一供货方有雄厚的实力、便利的服务，它在谈判中的优势也相对薄弱一些，而采购方显然有更大的主动权，拥有更有效的制胜筹码。再例如，政府决定限制某一行业的外资进入，外资进入必须与本土企业展开合作。在这种情况下，本土企业自然会拥有更有力的谈判筹码。

在许多情况下，人们在谈判以前，尽管收集了对手的大量资料，但最终还是在谈判中输给了对方。这是什么原因造成的？其中有一个原因不容忽视，那就是缺乏对整体竞争环境的综合考虑。影响谈判力量对比关系的外在因素有很多，任何一个因素的变化都有可能改变现有的力量格局。在谈判中要做一个有心人，就要注意观察对手的一言一行，从细节中往往会找到许多非常重要的信息。

荷伯·科恩先生被誉为"全世界最佳谈判手"，他前前后后共参加过几千次重要的商务谈判，积累了 40 多年的谈判经验。下面我们就通过一个事例，来看他是如何在谈判中获得成功的。

一次，科恩先生来到一家工厂，目的是推销某种产品。在同该厂的一位领班聊天时，科恩掌握了一些重要的信息。这位领班说："我们尝试过几家公司的产品，不过大都不符合要求，唯有你们的产品能通过我们的试验鉴定。我们厂里的存货快用完了。科恩先生，你看我们下一次的谈判，要到什么时候才能有结论呢？"

科恩听罢，心中有了底。他了解到对方非常需要他的产品，于是以后在与该厂的采购经理进行谈判时，各种条件都提得很高，还不慌不忙地讨价还价。由于厂方确实急需科恩的产品，加上存货不多，所以处于被动的地位，而科恩则占据了主动。

在这则事例中，科恩之所以能够在谈判中取胜，关键就在于他是个有心人，从对方不经意的只言片语中，获得了于己有利的信息，从而占据了主动位置。"知彼知己，百战不殆"，这在商务谈判中，可以说是一条金科玉律。

【修炼箴言】

任何将军都不打无准备之仗，因为仓促上阵必难获胜。谈判亦是如此。有运筹帷幄之风范、掌握核心信息的领导，才能决胜于千里之外。

5. 学会"变脸"，黑脸白脸轮换上

在谈判策略中，白脸与黑脸、怀柔政策与强硬态度，是完全对立的两个方面。然而，一个经验丰富的谈判者，往往能自由转换角色，把这两方面完美地结合运用。这样一来，往往能够产生最佳的谈判效果。

在谈判桌上，这种策略通常是这样运用的：在一方中，先有一个代表采取强硬的态度，坚决地表明自己的立场，做狮子大开口的要求；这时其助手或另一个代表则保持沉默。当第一个代表说完以后，根据对方的反应，然后再由第二个代表开口，示人以友善的态度。这样一来，己方的回旋余地就比较充足。

秦穆公发兵进攻晋国，晋军大败，晋惠公被俘。又过了三个多月，秦穆公才愿与晋国讲和。晋惠公身在秦国，派人回到国内，令吕甥出使秦国，好让他迎接自己。

吕甥奉命来到秦国。他非常谨慎，因为自己的国家在战场上失利，自己的国君又在敌人手中。在谈判中，他的一言一行都关系到国家的安危，因此可以说，这是一场举足轻重的外交斗争。在王城之上，秦穆公会见了吕甥。待宾主入座后，秦穆公首先问道："晋国人近来团结吗？""不团结。""为什么？"秦穆公急于了解对方的虚实。

"如今国君被俘，民多有亡者，百姓无不激愤，因而不怕征税练兵，齐声叫嚷着一定要报仇。为官者就不同了，他们爱戴自己的国君，并且知道自己战败辱君的罪过，因而热切等待秦国早日释还国君，他们一定要报答秦国的恩德，即使是死，也不愿有二心。所以现在，晋国人不团结。"

秦穆公听罢，便转移话题，说道："你们晋国人怎样看待自己的国君呢？""小人们不知事理，只知忧虑，认为我们的国君必定要被您处死，说'我们对不起秦国，秦国肯定不会放还我们的国君'。君子们用自己的心推测别人的心，认为您定会归还我们的国君，则说：'我们已经认罪，秦国肯定会放还我们的国君。'最厚道的恩德，莫过于放还我国君；最威严的刑罚，莫过于俘虏我国君。服罪的怀念恩德，二心的人畏惧刑罚。以此举动，秦国想必可以称霸天下了。倘若扣押不放，天下百姓就会以怨报德，秦国君是不会那样做的。"

吕甥巧舌如簧，秦穆公听得句句入耳，在君子与小人之间权衡利弊。秦穆公只得叹道："释放晋惠公，才是我的本意啊！"

　　吕甥与秦穆公之间的这番谈判，在历史上非常有名。秦穆公步步紧逼，吕甥巧妙应答，从而尽可能地维护了晋国的利益。当秦穆公问起晋国人是否团结时，吕甥暗中抛去了两把"刀子"：一把是"硬刀子"：借百姓之口，表达晋国人不畏强暴，誓死报仇雪恨的决心，迫使其早作放还晋惠公的打算；另一把是"软刀子"：借为官者之口，以温顺的言辞表达了晋国人对秦国会放还晋惠公的期待。紧接着，当秦穆公问起晋国人如何看待他们的国君的时候，吕甥又给出了两套说辞，诱使秦穆公做出对晋国最有利的决定。

　　在谈判桌上，语言的力量与分寸和各方的实力是息息相关的。若实力强，必然心雄胆壮，气度恢宏；如若不然，则需谨慎小心，委曲求全。吕甥作为晋国大使，在本国战败、国君被俘的恶劣形势下，担任外交使者，自不能理直气壮地斥责秦穆公，却又不可乞求哀怜，有损本国的尊严。面对这等糟糕情况，吕甥能不卑不亢，一个人拿出两张脸谱，采取软硬兼施的谈判谋略，终于化被动为主动，取得了谈判的胜利。

　　所谓黑白脸谱的自由转换，就意味着使用软硬兼施的策略。谈判中，若想运用这一策略而达到理想效果，需要注意以下几个问题。

　　当一个人扮演角色时，要机动灵活，如发起强攻时，虽要声色俱厉，但不宜时间过长。当两个或两个以上的人扮演角色时，要注意密切配合，假戏真做："硬"者要态度强硬，不过这并不意味着蛮横，要做到言之有理，硬中有礼，强中有情；"软"者要善于把握火候，审时度势，及时出场，请对方就范。

　　当然，对方也可能采取这种策略。这时候你要怎么办呢？这时你可以采取两个极端的立场来对付这种手段：其一，你同样也可以演出一场双簧戏，在对方唱黑脸的时候，也派出一个人同他吹胡子瞪眼睛。这绝非是以牙还牙，因为对手的白脸在出场的时候，就会发现他们碰到了真正难以对付的人，坐在他对面的人没有妥协的打算。

再则就是，如果你对黑白脸谱的策略不感兴趣的话，可以用非常直接的方法来面对对方的演戏。经过一段长时间的口舌之战后，你可以要求他们换一个人来跟你谈。如果对方拒绝了你的要求，你只需说："如此看来，贵方今日是无意达成协定了。何时贵方改变了主意，请通知我。"接下来的情形多半是：就在你起身欲辞的时候，对方常常会急忙改口，说自己已经改变了主意。

【修炼箴言】

谈判桌上需要懂得刚柔相济。运用好黑脸白脸战术，就能给自己留下足够的回旋余地，获得有利条件。注意，装"黑脸"时，领导一定要充分表现强硬的气场，以威慑对手。

6. 适当让步能妥协，唯有底线不可松

人在做事的时候，不能肆意破坏原则，要恪守自己的底线。同样，在谈判中也要如此。何为底线？就是维护自己的根本利益不受损害。谈判要坚持自己的底线，要在此前提下去争取最大利益。既然是谈判，当然免不了会做一些让步、妥协，但是要确保自己的底线。

战国时期，秦国最为强大。秦王曾派人对安陵君说："我要用方圆五百里的土地交换安陵，安陵君可一定要答应我！"

但是安陵君并不愿意交换，谨慎地说道："大王恩惠，愿用大的土地交换小的土地，这对我当然很好，虽然如此，但我从先王那里接受了封地，愿意始终守卫它，并不敢变换！"

秦王听了，生起气来。安陵君得知以后，日夜惶恐不安，不久后就派唐雎出使到秦国。安陵君希望唐雎能够凭借三寸不烂之舌，打消秦王的虎视眈眈之意。秦王见了唐雎，便开门见山地说道："我用方圆五百里的土地交换安陵，安陵君却不肯听从于我，为什么呢？况且秦国灭亡韩国和魏国，然而安陵君却凭借方圆五十里的土地幸存下来，你知道是什么原因吗？原因就是，我把安陵君当做忠厚老实的人，所以不打他的主意。现在我用十倍的土地，让安陵君扩大领土，但是他违背我的意愿，这岂不是轻视我吗？"

作为安陵君的外交官，唐雎不卑不亢，从容回答说："不是这样。安陵君的领土，是从先王那里得来的封地。虽方圆不过五十里，但他宁愿一直保卫它！即使是方圆千里的土地，安陵君也不会变换，更休说是五百里的土地！"

秦王大怒，对唐雎说："您曾听说过天子发威吗？"唐雎微微一笑，回答说："我未曾听说过。"秦王说："天子发威，可使百万尸体倒下，使血流千里！"唐雎说："大王曾听说过百姓发威吗？"秦王说："百姓发怒，不过是甩掉帽子，用头撞地罢了，有什么可怕呢？"唐雎说："有胆识的人不会那么做！从前，专诸刺杀吴王僚之时，彗星的光芒冲击了月亮；聂政刺杀韩傀之时，灼亮的虹穿过太阳；要离刺杀庆忌之时，殿堂上空有苍鹰搏斗。这三个人都是平民，却有胆有识，他们郁积的威势还没发作，好的征兆就从天上降下来了，现在，我要追随他们，做第四条好汉。"于是拔出宝剑站立起来。

秦王大惊，想不到事态竟发展到这等地步，便只好道歉说："先生请坐！为什么要这样呢！我现在终于明白了：韩国、魏国都已灭亡，而安陵君却凭借五十里的土地，竟得以幸存下来，只是因为有先生啊。"

作为外交官，唐雎不辱使命，凭借三寸不烂之舌在辩论中胜出，挽救了自己国家的颜面与命运。在与人谈判中，如何才能保住自己的底线？谈判前，可以把自己的目标定得高些，到时可以根据情况，适当降低些要求。因为降低要求容易，但提高要求就难了。降低要求并不是一味地退让，至少要保住自己的底线。

在不能做出让步的时候，就必须学会拒绝。沟通中有一个漏斗原则：一般而言，我们心里所想的可能是 100%，嘴上说出来的可能只有 80%，而别人听到的最多 60%，听懂的也只有 40%，而他根据你所说的事情去行动时就只剩 20% 了。因此不难看出，自己心里所想的和最后对方按照你的想法去执行的，差别很大。这就更需要用有效的方法，把自己的底线传递给相应的人员。

在谈判桌上，"不"字可以说是最具弹性的字眼，不能多用，也不能不用。双方之间无论如何谈判，都是为了对对方说"不"，而让自己的想法得到肯定。所以说，目的是一样的，差别只在于手段上的不同。

【修炼箴言】

谈判的目的就是在坚守自己底线的同时，最大化地争取利益。在任何时候、任何条件下，底线都是需要固守的，这一点不容商量！

7. 斗智斗勇，巧妙识破对手的伎俩

谈判的过程，很大程度上就是斗智的过程。为了战胜对手，双方都会竭尽心思，采用各种方法。在谈判中，无论卖方还是买方，一旦让对方看清自己的底细，往往将会为此付出代价。

因此，在谈判桌上，双方总是要有所隐藏，不让对方察觉。在对方逼迫另一方做出决定的时候，另一方往往会假装自己无权做出决定，有人则信口许诺却无意兑现承诺。站在保护自身利益的角度，这些行为可以理解，但如果谈判对手欺骗你，你该如何识破其伎俩呢？这里面大有学问。

一批日本客户前往法国，参观一家著名的照相机器材厂。日本客人来到以后，该厂实验室主任很有礼貌地接待了他们。在他带领客人参观实验室时，客人提出了许多疑问，他耐心地作了解答。不过同时，他也仔细地注意客人的一举一动。因为他深知，有些人是借参观之名，欲窃取先进的技术。

参观一种新型的显影剂时，实验室主任发现了这样一幕：一位日本客人俯身贴近盛溶液的容器，瞧上去是为了认真辨认溶液的颜色，但这位客人的领带末端浸在了溶液之中。

对于这一细节，实验室主任看在眼里，记在心上。他不动声色地叫

181

来一名女服务员，悄悄地吩咐了几句。在参观即将结束时，这位服务员走过来，手捧着一条崭新的领带。她走到那位日本客户面前，彬彬有礼地说："先生请稍等，您的领带弄脏了，给您换上这条新领带吧？"

面对主人的一番盛情，日本商人自然不好加以拒绝，只得尴尬地解下领带。况且他并不蠢笨，心里明白自己的伎俩已经被察觉了。原来，这位日本客人是有意要将领带放入溶液中的，为的就是将溶液黏附在领带上，带回日本进行分析，以获得最新显影剂的配方。但是他没有想到，自己这看似不经意的举动，早已被人瞧在了眼里。

这位实验室主任是聪慧的，及时识破了对方的伎俩，这才保证了显影剂的配方没有外泄。对方瞬间流露的一个细微表情，可能就是一个破绽。对于脸部肌肉一时的颤抖或抽动，有些人认为，这些瞬间即逝、不经意流露出来的面部动作，只有在电影的定格画面中才能捕捉到，大多数未受过训练的观察者是无法注意到的。

然而，事实证明，细微表情是可以捕捉到的，窍门就在于你要知道该注意哪些表情。人们往往根据一些错误的线索就对他人做出判断，这是非常草率的。这种判断始终存在着失误的风险，例如，曾有很多人认为，目光游移不定就是欺骗的迹象。但是对于这种观点，有关研究已经做出了驳斥。要知道，害羞、缺乏自信以及文化习俗等因素，都可以解释人为什么会转移目光。在美国，目光接触表示关注和兴趣，而在日本以及非洲的一些地方，避免目光接触则意味着对对方的一种尊重。因此，单单根据一种表情来判断一个人有没有说谎，这样做是比较荒谬的。我们要做的是，必须把每条线索、每种迹象放在一起综合判断，这样才能得到比较可信的判断。

　　与人洽谈，要想准确领会对方的意思，就必须懂得全面看待问题。无论多么了解一个人，也不可能知晓他所有的想法和感情。尤其是在谈判过程中，每个人都有着自己的立场，都会运用策略来掩饰自己的真实意图。这样一来，一方如果太过仰仗对方以前留给自己的印象，恐怕很容易做出错误的、于己不利的判断。

　　因此在谈判时，对对手作更进一步全面的判断，是非常有必要的，有些新发现可能就会让你大为受益。若能准确评估你的谈判对手私下在想什么，就可以做到未雨绸缪、抢占先机，这对于自己自然是非常有利的。

　　【修炼箴言】

　　谈判是个斗智斗勇的过程。睿智的领导表面上可以装得云淡风轻，但私下里一定要关注对手的一举一动。做个有心人，冷静观察对手的话就能找到切入点。

8. 言语坦诚，敲开对方的心扉

　　语言是一种奇妙的东西，既可以拉近人与人之间的距离，也能够成为刺伤彼此的利器。之所以会出现这种差别，很大原因就在于说话态度的不同。语言可以表现出一个人的人格。即使是说话比较笨拙的人，只要具有发自内心的关怀，其心情也能在话语间充分流露出来。与此相反，一个人如果没有发自内心的关怀，而是怀着深深的敌意，那么即使他用再多华丽的语言，也容易被对方看穿。

只有内心坦诚，说出的语言才显得坦诚。真正坦诚的语言，是一种威力更强的软实力，更容易令对方折服。在洽谈生意或说服对手时，说话态度真诚，容易招人喜欢，被人接纳。入情入理的话，一方面显示说服者坦诚的态度；另一方面又听起来是尊重对方，并为对方着想的。如此一来，无论在交易原则上，还是在人的情感上，双方都达成了沟通，进而扩大了共识，无疑会促使合作成功。

现在，松下电器公司可以说是世界驰名，但是最初也不过是一家乡下小工厂。那时候，松下幸之助虽然是公司里的领导，但也总是亲自出马推销产品。出去跑推销，自然会遇到形形色色的人，其中有一些人虽然对产品满意，但总是爱杀价。

在碰到杀价高手时，松下幸之助往往就会说："我的工厂是家小厂。炎炎夏日，工人在炽热的铁板上加工制作产品，大家汗流浃背，却努力工作，好不容易才制造出产品。依照正常的利润计算方法，应当是每件××元承购。"

对方听着，不觉间就泯灭了继续杀价的欲望。

松下幸之助的成功不是偶然的，这从他最初推销产品时，就可窥见一斑。卖方在讨价还价的时候，总会说出种种不同的话，但是松下幸之助说得很不一样，句句都在情理之中。如此一来，对方往往就会照他说的价钱买下来。

松下幸之助在说话时，其从内心到语言，都是真诚的。其语言充满情感，描绘了工人劳作的艰辛、创业的艰难、劳动的不易。其语言朴素、形象、生动；语气真挚、自然，唤起了对方的切肤之感和深切同情。而且他还强调自己给出的价格所依照的是正常的利润计算方法，来表明自己并无贪图非分之财的意思，同时也暗示对方无讨价还价的余地。这就使对方调整了角度，与他达成了共识。松下幸之助的坦率、真诚，帮助他在事业上越来越成功，最终将松下电器推广到全世界。

领导在说服别人时，必须秉持着一颗"至诚的心"，而不要流于巧言令色、油嘴滑舌，并根据时间、场所和对象的不同，采用不同的方式，将自己最好的一面通过"说话"表达出来。

费城的耐佛先生，是一家燃料厂的老总。多年来，他一直想把燃料卖给一家大连锁店。然而，让他感到郁闷的是，这家连锁店一直向外地厂商购买；更加让他苦闷的是，运货路线恰好从耐佛先生办公室的门口经过。耐佛先生晚上受邀在卡耐基的课堂上演讲，并且大骂这家连锁店。

卡耐基听后，便建议他改变战略。首先，他们准备在课堂上举行一次辩论会，主题就是"连锁店的广布，对国家害多益少"。在卡耐基的建议下，耐佛先生加入反方，要为连锁店辩护。为了赢得胜利，耐佛先生便前去拜访他原本瞧不起的连锁店经理，直言告诉他："我不是来推销燃料的，我是来向你们请教的。"接下来，他把来意说清，并特别强调："我来找你，是因为我想不出还有其他人更能提供给我资料。我很希望能赢得这场辩论，如果你提供些资料给我，我将非常感激。"

那位经理之所以同意见他，是因为耐佛先生只要求他拿出一丁点儿时间。当耐佛把事实说清后，那位经理指着一张椅子让耐佛坐下，并且用了整整一个钟头的时间与耐佛交谈，他还请来另一位主管。他觉得连锁店提供了最真实的服务，他也以自己能够为许多社区服务为荣。当他侃侃而谈的时候，两眼发亮，耐佛开始不得不承认，他的确让耐佛明白了许多原本没有想到的事。

在耐佛离去的时候，经理陪着走到门口，并用手搅住耐佛的肩膀，祝耐佛辩论得胜。最后，经理向耐佛说："我很愿意向你购买一些燃料。"

耐佛感到惊讶极了，没想到经理居然主动提起买燃料的事，这简直是个奇迹！

耐佛先生明白，正是自己对他们连锁店的关心，才终于使对方也转而关心他的产品。耐佛先生发现的并不是什么崭新的真理。坦诚以待人，人就会坦诚以待。说话真诚，语气亲切随和，不卑不亢，入情入理……这样坦诚的语言，在洽谈中往往才是最有力的武器。

【修炼箴言】

人人爱和坦诚的人打交道，谈判桌上亦是如此。一个具有坦诚魅力的领导往往真诚、大度，能让对方放下防备心。对于较难说服的谈判对手，坦诚的魅力往往会发挥重要作用。

第八章
凝聚力量，做和谐团队的卓越领航者

现在不是一个单枪匹马独闯天下的时代了。领导仅仅有能力是不够的，还需要社交资源。中国人最讲究"人和"。你有社交资源，有贵人相助，有众多名人支持，你就获得了人和的力量。因此，尽早建立自己的社交圈并认真打理它，对领导来说是十分必要的。

1. 融入团队，不做甩手掌柜

一个团队必须有一个统一领导，使大家的行动能够凝聚在一起，朝向目标进发。这个领导不见得总是扮演最关键的角色，有时候他可能只是小螺丝钉，或者是救火队，或者是拉拉队。不过，无论这个领导在团队中是什么角色，他若是无法融入团队，那他讲再多团队合作都是空谈。

现实中，有很多这样的团队领导，他们习惯于高高在上、夸夸其谈，说得多、干得少；他们总是喜欢"点活"，"点活"就是命令的意思，事无大小，喜欢命令、喜欢安排，自己却总是在执行时靠边站；他们把精力谋划在文件上、布置在会议上、落实在口头上；他们遇到困难爱绕道走，一旦出现问题和失误，就明哲保身。

由于这样的领导站得太高，所以他们根本看不见团队中发生的问题，也不熟悉团队成员的能力。发生了一件事情，他们总是说："这个这样做不就好了吗？""你早干吗去了！""这件事我不管有什么困难，我只要结果。"

试想一下，这样的领导怎么能带领团队走正确的道路呢？这样的领导怎么能获得团队成员的尊敬、喜爱和支持呢？久而久之，团队的成员们必然不愿意听从领导的指挥，那又何来一起打拼呢？

可以说，这些领导是中了官僚主义的毒，成了"官老爷"，而根本不是合格的领导。想一想革命年代的领导干部。他们打仗冲到第一线，和普通士兵吃在一起，干活在一起，这样的领导又如何不受人欢迎呢？

　　当然，领导融不入团队，被迫当"甩手掌柜"的情况也有。不过，造成被动的主要原因还在领导自身，即离团队成员太远，没有融入团队。

　　为什么这么说？一则森林故事的寓言揭示了真相。

　　森林之王老虎每日巡视森林，处理着森林王国大大小小的事务。王国中的所有动物都对老虎毕恭毕敬，有的甚至敬而远之。每当月夜，其他动物在月光下载歌载舞，老虎则经常偷偷地落泪。

　　一天，老虎来到了动物们开宴会的地方，当时，鼓声戛然而止，所有的动物都呆呆地看着老虎，老虎本来想加入到狂欢的队伍中，可走到大家跟前却开不了口，停顿了好一会儿才说："你们玩儿，我出来散散步。"老虎走后，狂欢的声音再次响起。

　　伤心的老虎走到了森林边缘，碰到了生活在人类村庄的老牛。它把自己的遭遇讲给了老牛听，老牛憨厚地一笑，说："你和大家离得太远了！"老虎不懂："我每天都和大家在一起，为什么老牛说我和大家太远了？"

　　很多领导可能都有这样融不入集体的苦恼，疑惑为什么自己总是不能和属下成为十分知心的朋友。其实这种局面的造成，与领导过分注重威信有极大关系。不少领导作为一个团队的领头人，往往因为等级与地位的差异，使自己与团队的其他成员之间形成了一条鲜明的分界线，拉大了自己与团队其他成员的距离，自然难以融入团队。

　　找到了问题所在，那我们身为领导怎样做才能成为受团队成员欢迎和喜爱的领导，怎样才能融入团队呢？

首先，领导干部应该有这样一种意识：把自己视为普通员工，始终把自己看做是团队成员之一。虽然领导做的工作大多是管理类，如制订计划、布置任务、安排人员等，但是，领导不应该认为自己就与众不同，应该享受特殊权利，或者看不起自己的员工。星巴克的领导层深知这一点在领导团队中的重要性。该公司的国际部主任即使去国外的星巴克巡视的时候，也会与店员一起上班，做咖啡，清洗杯碗，打扫店铺甚至洗手间，完全没有架子。

其次，领导要以自己的德、能、勤、绩获得团队成员的信任，融入团队中去，建立自己在团队中的"人缘"。要做到这一点，领导干部不妨学习一下三国人物赵云。

众所周知，刘备、关羽、张飞是蜀国核心领导集团中关键的团队成员。而赵云既不是桃园三结义的弟兄，又不是智囊军师，为何能成为蜀国的关键人物呢？

其实，赵云一来到刘备身边，就自觉且尽快地把自己融入刘关张这个核心团队之中了。赵云本身德才兼备、智勇双全，在战场上是常胜将军。更重要的是，他对刘备忠心耿耿，对关羽敬重非常，对张飞谦让有礼，此外还顾全大局，低调做人。所以，就连孤傲的关羽，也对完美的赵云无话可说。

可以说，赵云就是以自己的德、才赢得了团队成员的信任，被团队接纳的。

此外，如果你是空降领导，要融入团队之前，最好先做"功课"。俗话说，知己知彼，百战不殆。空降领导要了解部门的职责、权限及业务范畴，就要先对自己的下属进行有效摸底，如下属的基本情况怎样，性格怎么样，工作能力怎么样，在那些方面比较在行或精通，是不是被安排在合适的岗位，是不是称职，以往跟上司的配合怎么样，等等。之后，空降领导可以找自认为最能帮助到自己、也会配合自己的下属深入交谈，用心听取这些下属的意见和期望，通过这次谈话再次找到以后融入团队的方法。

"企业的成功靠的是团队，而不是个人。"右这个充满竞争的商业社会，领导要想依靠团队的力量，首先必须融入团队，必须以自己的德、才、勤、绩取得团队成员的信赖和支持。这样的领导才是有领导力、有魅力的领导。

【修炼箴言】

在一个团队中，领导没有威信是不行的，但是，靠拉大与团队成员的距离建立威信是最愚蠢的做法。一个优秀的团队领导获得威信的方法很简单，即应该始终要把自己看成是团队成员之一，以自己的德、才、勤、绩融入团队。

2. 以身作则，言行一致，成为令团队成员敬佩的榜样

乔治·巴顿是美国的四星上将，有"铁血老将"之称。他有这样一句名言："在战争中有这样一条真理：士兵什么也不是，将领却是一切。"这句话看似是不把士兵当回事儿，实则是在强调一个简单的

事实，即将领的状态决定了士兵的状态；将领展示出来的形象无形中会影响士兵，也就是指领导的榜样作用。

俗话说得好，榜样是金。在任何一个组织里，榜样的带动作用都是不可忽视的。所以，我们要想成为一个卓越的团队领导人，要构建一个团结向上的组织，一定要用好榜样去带动团队成员，凝聚力量。

玫琳·凯的创办人玫琳·凯女士非常重视榜样的作用，她认为称职的领导就应该以身作则。玫琳·凯女士说："以身作则的好处是过不了多久，你的员工就会照着你的样子去做。"

玫琳·凯女士习惯在每天下班前把办公桌清理一下，把没干完的工作装进包带回家，坚持今日事今日毕。久而久之，尽管她从来没有要求自己的助手和秘书也这样做，但是，她的助手和秘书的确自发在这样做。

除了在工作习惯方面以身作则，在衣着打扮方面，玫琳·凯女士也着力为员工树立好榜样。她认为团队领导的形象是很重要的，尤其身为化妆品企业的创始人，如果自己身上沾满泥浆，形象不佳，传扬出去是很不好的。而玫琳·凯女士的这一举动又带动着旗下销售主任、美容顾问纷纷效仿。

为什么我们规定得清清楚楚，团队成员却做不到位呢？现在，不少团队领导发现任务执行上总是出问题，其实，与其从团队成员身上找问题，不如看看我们的管理层，看看我们的团队领导，问问自己："我是不是有说到没有做到的时候？是不是常常迟到？是不是吃完午饭后迟迟不回办公室？是不是打起私人电话来没完没了？有没有下属反映情况我没有理会的情形？"

如果团队领导真的不能以身作则，那么团队成员的执行力低、工作懈怠就不足为奇了。相反，一个能以身作则、严于律己的团队领导自然也能影响员工，成为团队成员努力的榜样。娃哈哈企业的员工非常辛苦，尤其在销售旺季的情况下，加班加点更是家常便饭。但是，娃哈哈的员工却心甘情愿，始终如一地为娃哈哈打拼。为什么呢？原来是因为娃哈哈有一个比谁都辛苦的"家长"——老板宗庆后。娃哈哈的规模现在已经做到这么大了，宗老板仍然为了娃哈哈这么多员工的福祉辛苦地奔波。所以，有时候，员工们会自我激励，说："看看宗老板，就觉得自己还不够辛苦"。

所以，如果你想成为一个像宗庆后那样受员工和团队成员敬佩和追崇的领导，一定要以身作则，绝不口上说和团队成员同甘共苦，实际上却坐在办公室里享福。三国时，为了平定江东，孙策每次打仗冲锋都站在最前列。手下人担心他的安危，他却说："如果我不亲自冒着箭矢和巨石打仗，将士们又怎么会勇猛作战呢？"今天的团队领导也要有这样的觉悟。

领导除了在平日里要以身作则，树立优秀的榜样，在危急时刻，团队的领导更应该如此。如果在团队遭遇危机和挫折，团队成员士气低落的时候，团队领导也一样失落，那只会让整个团队一蹶不振。越是处在危险状况，领导越应该身先士卒、以身作则、做出表率。如此，才能够激发员工的斗志。

春秋时期，晋国卿大夫赵简子率军攻打近邻魏国，包围了魏国的都城。但是，由于魏国城中百姓顽强抵抗，不停地向城外的晋军射箭和掷石块，所以晋国攻不下城池，将士也死伤众多。

当时，身为晋军的总指挥赵简子躲在一把巨大的盾牌后，用战鼓指挥将士攻城。但是，他却发现晋军士兵个个畏缩不前，谁也不敢上前迎敌。赵简子很生气，扔下鼓槌，说："没想到，昔日所向披靡的晋国雄兵，今天会没落到这种程度！"

赵简子的谋士听了这话，说道："主公，恕臣直言，错误在您，不能埋怨我们晋国的三军将士啊！"赵简子不明其意，怒问之。

谋士说："我晋先主献公吞并十七国，征服三十国，难道不正是靠的这些晋国军队吗？晋惠公时，国力衰弱，秦国铁蹄直抵国都近郊，可最后还不是被我晋国军队打退了吗？晋文公时，国势复盛，一战而取魏国之邺地，并于城濮之战连败楚军，遂成霸业，不也是我晋国军队的功劳吗？所以，主公，您怎么能怪我们晋军士气衰微呢？主要原因是您做得不够好啊！"

赵简子听后，一阵反思，想到自己躲在盾牌后面，贪生怕死，心里很是惭愧。他立刻扔了大盾，操起兵器，大声一呼，冲锋在前，杀敌而去。将士们看到主公冲锋陷阵，深受鼓舞，人人奋勇争先，最后终于攻下了魏国的都城。

榜样的力量是无穷的，尤其在危急时刻。所以，优秀的领导一定不能做那种让士兵洒热血，自己在营帐中饮酒作乐的将领。你越是畏畏缩缩、前怕狼后怕虎，越是无法树立威信，赢得团队成员的拥戴。若能在困难和挑战面前一马当先、冲锋在前，你一定能带领团队克服困难、战胜挑战。

总而言之，身先士卒从来不是喊喊口号就行的，而是要团队领导凭借真才实学去真抓实干。领导这种表率作用会让团队成员从心底里去领会你的意图，支持你的决策。这样的领导才能有"一呼而天下应"般的威信。

【修炼箴言】

毫无疑问，员工总是会模仿管理者的工作习惯和修养，这是下意识的行为。按照这个道理，如果我们想鼓励员工充满激情地工作，那么最好的办法就是以身作则，树立榜样，用自己激情工作的样子去影响员工。

3. 亲切教导，团队领导即良师

领导在团队中扮演着很多角色。例如，在团队负担过重时，领导往往要跟所有成员一起寻求更好的工作方法，或者当下属技能不足时，领导往往要介绍自己的经验，帮助对方提升自己。这个时候，领导在团队工作中扮演的就是导师角色。

遗憾的是，现在不少的团队领导要么把自己高高挂起，做"甩手掌柜"，要么推说自己没有时间，不耐烦教新员工，要么就是害怕教会徒弟饿死师傅，以至于从不教导员工。

殊不知，上述做法都是不正确的。因为在当今时代，知识型、复合型的员工无疑是巨大的生产力。如果有这么一个素质较高、执行力较强的团队，那领导或组织必能在竞争中获胜。而这样的团队从何而来？自然是从领导的亲切教导中来。领导若能像良师一样，给团队的成员导入正确的价值观，增强团队的凝聚力、战斗力并提高员工的士气，就能激励大家充满激情地奋斗。

当年，松下电器的创始人松下幸之助问自己的员工松下是干什么的，员工说松下是做电器的。但是松下幸之助说："我们主营的是育人，兼营电器。"松下先生认为没有一流的研发人员就没有一流的产品，没有一流的营销人员就不可能把产品卖到世界各地，所以人才才是第一位的。因此，他非常注重培养人才，并亲自教导集团的人员。

不仅是松下幸之助，英特尔的董事长安迪·格鲁夫也非常重视领导的教导作用。当时，英特尔有 50% 的管理人员没有经过足够的历练和培养就直接晋升，成为企业的高级主管。这直接影响了整个英特尔的企业文化。董事长安迪·格鲁夫和那些在公司工作了十五年左右的经理们一起进行教学活动，亲自对新员工和高管进行培训。这不但使得英特尔重新焕发出生机，整个英特尔团队的氛围也非常和谐、非常融洽。

那如何才能做一个员工信赖、喜欢的团队导师呢？

首先，领导要认清一点：教导不等于批评。我们中国的领导大多只会讲话或者训话，而不会讲课。员工做事做得不到位，不少团队领导在教导时就会带有情绪，严厉地批评员工，这对员工的提高是无益的。这种严厉的批评和指责，极有可能会引起员工的反感，好心办坏事。最终，整个团队的氛围就会变得很糟糕。

优秀的团队领导在教导时，应该像教练、父亲或大哥那样，亲切友善。

著名的管理学大师、橄榄球教练托尼·邓吉在《凝聚力》一书中讲到查克·诺尔教导他做教练时的场景，他说："查克·诺尔似乎愿意将自己的方法跟所有人分享。当我理解某个战术，达成目标的时候，他会让我担当更多的责任。他堪称一个完美的老师，在领导球队的时候会主动、直接地指导我们，不仅如此，他总是乐意将我培养成卓越的领导。"如果团队的领导能在教导时和员工保持平等亲密的关系，那就能既提高员工的能力，又赢得员工的敬佩和喜爱。

韩涛是一家公司的中层主管，主要负责教导销售部的员工如何更好地为客人服务。

当时，刚进公司时，所有的员工都对韩涛敬畏有加，整个团队都很压抑。为了融入团队，融化员工之间的冷漠，"拉拢"员工，韩涛尽可能地和大家待在一起，鼓励他们表达自己的意见。就算有员工出了错，韩涛也会好脾气地、一遍一遍地指导员工。韩涛说："与其说我是员工的上司，不如说在大多数时候，我自己更像员工的父亲。当我以做父亲的心态对待员工的时候，自然会变得非常有耐心、很宽容。"

正是韩涛这种亲切温和的态度提升了员工的素质，形成了强大的凝聚力。而他自己也成为员工心目中的良师益友，受到员工的拥戴。

当然，领导若要帮助团队成员成长，在辅导之前，最好先掌握关于团队成员能力不足的资料和信息，调整自己的心态，设定出你希望员工改变的行为，或者改变的方法。一些经验丰富的教导者会提出开放性的问题，更注重听员工怎么说。另外，如果员工没有改进的话，教导者也要提前针对这种情况，设定好下一步要怎么做。

在新时代和新的形势下，变管理为教导，变领导为老师是团队领导的必然之路。团队领导在工作中要主动去关心员工的工作情况，不会的要亲自教导，发现问题要及时指导。这样领导就能赢得团队成员的信赖和忠诚。

【修炼箴言】

80 后、90 后这些员工已经不是仅靠制度就能管理好的。处理团队关系时，我们应该从上下级关系转变为伙伴关系，从相对独立转化为学习与成长的关系。只要领导有较大的意愿，愿意分享和帮助新进者，那学习相应的讲课技巧之后就可以变成良师了。

4. 把关怀送给每一个成员，营造有爱的团队

每一个团队领导都知道一个道理：人心是最有力量的，人心齐泰山移，而失人心者失天下。一个能收获人心的领导，必然能受人尊敬，受人拥戴。

蒙牛的创始人牛根生无疑就是这样的领导。1999 年，牛根生离开伊利集团，决定创建蒙牛。当时，蒙牛的注册资金只有 100 万，刚刚起步，在中国乳业第一品牌伊利面前可以说显得微不足道。

但是，很多人却自发地从伊利出来投奔他。这些人上到部门经理，下到普通销售员，有的是和牛根生熟识的老同事，也有从来没和牛根生打过交道的员工，陆陆续续有三四百人。这些人为什么要弃"明"投"暗"呢？他们说，自己冲的就是牛根生这个人，冲的是他的"德"和好名声。这就是牛根生在伊利 16 年来对人心经营的结果。

牛根生为什么能获得人心呢？答案就是他懂得人人都有被关心、关怀、爱护、体贴的心理需求，所以总是关怀团队中的每一位成员，为每一位成员着想，急员工之所急。

例如，在员工集体婚礼时，他组织蒙牛的高管们当司机，接送新人；牛根生自己花钱为下属们购置了第一套高级套装；牛根生自掏腰包 20 万元，为蒙牛家属举办"和谐家庭特训营"，教大家如何"当富人"……这一连串关怀员工及其家属的举动，自然温暖了蒙牛这个大家庭中的每个人。

古往今来，很多团队领导都意识到了关怀员工的重要性。美国《三军军官》一书就明确指出："每位军官最大的责任就是在照顾自己之前，先照顾部属——这是最重要的原则！"该书甚至强调说："假如只有一张床，那军官就该先让给这位士兵"。在古代，善于打仗的人，除了懂得纪律以外，还善于体恤、爱抚部署和士卒，比如吴起、李广等都经常把赏赐分给士兵；吴起在巡视战场时看见一个士兵腿部化脓，还用口将脓吸了出来。

当前，团队领导如何送关怀给组织成员呢？

要知道，团队成员也是普通人，在工作时可能会不顺利、业绩不理想、受到同事冷待；在家庭中可能会遭遇家庭经济紧张、孩子入学难、夫妻感情破裂、父母生病住院、孩子高考失利、婆媳矛盾等情况。因此，好领导要关注员工的信息，了解员工的家庭情况，或者通过日常的聊天沟通中洞悉员工的困扰，并施与援手。如果领导能在员工遭遇挫折、不幸，需要关心的时候，给予关怀和帮助，就能收获人心。反之，领导可能会失去下属的心。

展部长的助理许昭最近刚喜得贵子。谁知，孩子先天心脏不好，出生三个月一直在医院救治。许昭自然是非常发愁，几次因为孩子的事情请假或早退。

展部长原本对许昭比较信赖，但对此却颇有微词，曾多次指责道："别人家都没事儿，偏你家里出现这样的问题！"许昭本来对自己怠慢工作的行为心中有愧，但一听这话，他心中不由地涌起一股既委屈又抵触的情绪，渐渐疏远了展部长。

一些特殊的员工，如比主管更年长的员工、身体有残疾的员工、怀孕期间的女员工等，一般有较强的自尊心，不太愿意讲个人的困难或提出个人要求。这时候，团队的领导更应该通过相处的一些细节，掌握员工的"底细"，帮助对方、解决对方的难题。当然，若能在不违反原则的情况下，尽量多办关心员工的实事，更能得到员工的理解和感激。

月有阴晴圆缺，人有旦夕祸福。团队成员有时候会遭遇到天灾人祸，领导更不应该不闻不问。

2008 年汶川地震时，宋墨的家遭到了严重破坏。地震发生后，宋墨所在部门领导王总积极了解了宋墨家的受灾情况，并第一时间为宋墨安排了回家的路费及所需的生活用品。后来，王总得知，宋墨面临重建家园的难题，就说服公会，按月为宋墨发放了工资，还通过组织捐款为宋墨的儿子提供了 3500 元的学费，免除了宋墨的后顾之忧。

领导的关怀让宋墨非常感激。他说："王总经常给我打电话，询问受灾情况，并给予精神上的安慰和鼓励，使我能从地震的阴影中走出来。我的感激之情无法言说，今后会用实际行动来回报领导和集团对我的关怀和帮助的。"

除此之外，有些团队成员工作突然出现问题，表现失常，这就需要管理者去查看原因，再进行关怀和帮助了。有些员工可能因为家庭问题要求调薪、调动，这时领导可以根据这一情况进行深入了解，从力所能及的地方给予帮助。

每个团队的成员都是团队发展的主力军。领导要关心员工、爱护员工、用心对待员工、帮助员工解除后顾之忧，把关怀送给每个团队成员。这样，领导的亲和力、魅力和威信也会提升，而整个团队也会互爱互助，变成爱的大家庭。

【修炼箴言】

管理的本质就是感动下属。而感动下属其实并不难，只需要沟通、关心、肯定、承担责任、站在下属的立场思考问题而已。要想成为一个颇具亲和力和魅力的领导，你不妨多关怀团队成员，善于经营人心。

5. 像充满热情的乔布斯一样点燃团队的激情

2009 年 11 月 14 日，微软联合创始人兼董事长比尔·盖茨在接受媒体采访时表示，苹果联合创始人兼 CEO 史蒂夫·乔布斯富有工作激情，正是他 1997 年重回苹果，使苹果能够"起死回生"。盖茨还说道，乔布斯的工作很出色，苹果的业务模式稍有不同，他们将软件和硬件业务结合在一起。乔布斯重回苹果后，重新组建了管理和技术开发团队，在乔布斯的领导下，苹果推出了很多了不起的产品。微软能有苹果这样的竞争对手是件好事情，微软既给苹果编写软件，也同苹果展开市场竞争。在美国科技产业中，乔布斯的工作热情无人能及，正是他拯救了苹果。

从微软董事长比尔·盖茨对乔布斯的评价中可以看出，乔布斯是一个充满激情的人，而事实也证明，只有当一个领导满怀激情的时候，他才能激发团队的活力，用自己的热情感染团队，带领团队走出绝境，创造非凡的成就。

梦想家能创作出伟大的艺术品或者作品，全仰仗他们身上那股为了梦想奋不顾身的精神，乔布斯身上也流淌着这样的血液。在负责麦金托什机设计的时候，乔布斯说："我可以用我的生命去做很多其他的事情，但是'麦金托什'将会改变整个世界，我坚信这一点，而且我选择的'麦金托什'团队成员也相信这一点。"这种对产品的激情感染了整个苹果公司——从前台到工程师再到董事会成员。作为产品的总负责人，乔布斯在"麦金托什"团队里身兼令人眼花缭乱的数个职位，他首先是首席产品构想师。从产品的孕育到推出的整个过程，他都生活在产品的世界中，体验着产品应该经历的每一个细节，在乔布斯看来，它是一个有生命、能呼吸的有机体。

在谈到企业家或产品经理需要具备的条件时，乔布斯说："很多人来到我面前，对我说'我想成为一个企业家'，可是当我问他们有什么想法时，他们却说'还没想好'。"乔布斯是怎样回答他们的呢？他说："我想你们应该先找份餐馆勤杂工之类的工作，直到你们发现自己真正的兴趣所在。"

做出一些选择之后，总要面临一些困难，当这些艰难快要吞噬我们的生活时，许多人都会选择放弃，但是乔布斯不会，因为他的热情会要求他坚持到底。正如他所说的那样："一定要有一个充满激情的想法或者你想纠正的错误，否则你将不会有坚持这一项目的毅力。我认为，做到这一点就成功了一半。"激情是战胜困难的利器。再大的困难碰上激情，它也会消融。所以，一位成功的领导必然是一个浑身充满激情的人，正是这种激情感染了周围的人，点燃了他们身上的信心和勇气。

在用激情感染员工方面，美国国际电报电话公司（ITT）总经理哈罗德·杰尼绝对堪称典范。从 1959 年起，杰尼在 ITT 的总经理位置上一坐就是 20 年之久。在杰尼任职期间，ITT 创造了连续 58 个季度利润保持上升的记录——十几年来，每年都以 10% 的增长率上升，不论是繁荣时期还是经济萧条时期。这样的业绩一次又一次震惊了华尔街。

杰尼成功的因素很多，但其中非常重要的一点就是：用激情感染员工。

杰尼的激情源自他心中的目标——建立一个世界上创利最多的公司。而公司的可喜业绩也证明了他的热情和干劲：他有着天生的热情、惊人的精力和敏捷的头脑。他每天 6 点钟准时起床，在办公室的工作时间常常是 12～16 小时，有时晚上回到家已经很晚了，他还要浏览当天的文件和准备第二天的工作。他废寝忘食，不遗余力地工作，自然令目睹他勤奋和激情的人感到钦佩，使公司所有的人都受到感染。所以，公司里的大多数管理者和员工也都非常努力，非常敬业。

谈到领导力的秘诀时，杰尼说："作为一个领导，要想激发部下干出好成绩，最好的方法就是平时用一言一行感染他们，使他们相信你全心全意地支持他们。"为此，他会把一些难度极高的工作分派给下属，激励他们挑战原本可望而不可及的高峰。一旦下属圆满地完成任务，杰尼一定会大加赞赏，而且总会称赞得恰如其分：假如下属是凭借智慧而完成任务的，杰尼就会赞赏他的才智；如果下属是靠苦力而完成任务的，杰尼就会表扬他的勤劳和刻苦精神。

这种卓尔不凡的领导力似乎有一种不可抗拒的力量，激发着每一位员工发挥自己的热情，勇敢地超越自己。

俗话说："己所不欲，勿施于人。"一个人要想得到别人的认同，使别人听从自己的安排，自己首先要以身作则。一个有魅力的领导从来都不是一个只懂得发号施令的人，而是一个懂得用自身的所作所为感染别人的人。试想，当员工看到本应轻松地做管理工作的领导都比自己还要用心努力时，自己还有什么理由不努力呢？所以，一个像乔布斯一样充满热情的领导必定能用他的热情点燃团队的激情，就像乔布斯所说的那样，只要在任何时候不丢弃激情，那么，我们也能拥有成就伟大事业的力量。

【修炼箴言】

要想凝聚团队的力量，使别人服从自己的安排，听从自己的建议，就要以身作则，用激情去感染下属，用热情去唤醒冷漠，而不是颐指气使，或者一味地批评指责。

6. 危机面前，你的坦诚沟通能赢得支持

在领导力的范畴中，危机中的处理和决断能力似乎永远是最重要的一环。原因就是，身为领导都有面临危机的时候，在这个过程中，领导如何团结团队，如何转危为安、化险为夷便最能体现领导的能力。

　　那么，作为一名优秀的领导，在危机来临时又该如何应对呢？怨天尤人，听天由命，或者匆忙逃避、丢盔弃甲都是弱者所为，理性而富有胆识的领导应学会积极思考、坚强面对，用智慧去化解每一次危机，用坦诚沟通去赢得团队成员的支持。

　　坦诚沟通指领导在危机发生时要高度重视做好信息的传递发布，并在组织内进行积极、坦诚、有效的沟通公关，保障团队每一位成员的知情权，从而为妥善处理危机创造良好的氛围和环境。沟通是一种技巧，是领导处理人际关系问题的杀手锏。每个领导都应对一句话深信不疑：沟通能力和专业知识同等重要。管理学家威尔德说："管理者应该具备多种能力，但最基本的能力莫过于有效沟通。"许多事实都证明，唯有领导坦诚有效的沟通才能使他赢得下属的支持，保证团队顺利渡过难关。

　　悦智全球顾问公司董事长黄河明曾在惠普工作长达23年，担任过惠普泰国公司的第一任总经理，1990年，从泰国返回中国台湾的他出任惠普中国台湾地区董事长兼总经理。但是，刚刚上任，他就遇到一个棘手的事情：由于前一任总经理的离职，公司人员流动率极高。面对这样一个难题，稳定军心成为摆在黄河明面前的首要任务。

　　该怎么办呢？黄河明向一些前辈求教，有位经验老到的前辈向他建议道："公司业绩无法一下子扭转过来，你现在的首要任务就是多做沟通。动荡时期，员工希望知道得更多，所需要了解的信息比平时多两三倍。"

　　于是，在刚上任的6个月中，黄河明将大部分精力用在内部沟通上。每个月他都会抽出一定的时间来，分别和10~15名员工一起吃饭、聊天，为员工描绘公司的长期愿景。有时他还写信到员工家中，让员工家属也一起推动这个工作。

这种沟通工作虽然烦琐，但黄河明乐此不疲。后来，他渐渐发现，虽然很多员工心中有抱怨，但不会直接说出来，于是他又实行匿名调查，设立"合理化建议箱"，让员工写建议给他。结果500多名员工中有320名写了书面建议。通过这一系列的措施，公司的员工流失率终于从20%降到了9%。

面对"公司人员流动性大"的内部危机，黄河明做好了一个领导应该做的，那就是注重与员工在细节问题上的坦诚沟通和理解，由细节的沟通和理解达到整体的沟通和理解。做好大面的沟通，可有效防止矛盾复杂化；而做好细节问题的沟通，却可以解决沉积的矛盾和问题。

良好的沟通能够让员工感受到领导的重视和组织的温暖，提高员工的工作积极性，及时解决上下级之间的矛盾，增强企业的凝聚力。在此过程中，领导的个人魅力也会凸显出来，一个善于沟通，主动解决问题的领导总能让人感到欣慰和踏实。

相反，如果领导在危机面前不能坦然相告，而是默默承受、独自打理，则一定会让团队生出疑惑和茫然，这时候员工自然不能够心往一处想，劲儿往一处使，团队的凝聚力自然会下降。

一位姓徐的企业老板有一家100人左右的公司，公司业务发展得很快。为了保持这种良好的发展势头，他觉得势必要筹集更多的资金来支撑，这是公司壮大的必然需求。一个公司的成长离不开大量资金的筹措，资金筹措是件好事情。但是徐老板只把这件事告诉了高层主管，并没有告诉普通员工，因为他认为普通员工听到公司资金不足需要投资时可能会引起误解，害怕员工认为公司要破产而变得恐慌。于是，他总是私底下和一些投资者接触。

一段时间后，他突然接到一个跟他关系比较好的普通员工的电话。这位员工说："徐总，有一件事我需要向您询问一下，一星期前的投标会上，我从对手公司得知您经常和一些西装革履的人进行秘密会谈，而且对方称您准备把公司卖掉。据说公司里的大部分员工早已经知道了这件事。这件事情是真的吗？"

听到这里，徐先生大为诧异，竟然有这样的事情发生？回想当初，他隐瞒事实的目的是想让员工安心，而现在却把事情搞得更糟，这可如何是好？于是，他不得不反思自己的行为，并决定坦诚地向员工陈述实情，避免员工消极情绪的产生。

由此可见，在危机面前，作为团队的领导，组织内外部的信息传递和坦诚沟通才是妥善处理危机的核心措施，任何隐瞒和延迟解决问题的方法都是徒劳无益和画蛇添足的。良好的团队内部沟通，有助于下属认清团队所面临的形势，理解上司的各种难处，保证团队上下一条心，使团队拧成有序、有节、有竞争力的一股绳。

【修炼箴言】

在问题发生时，任何试图掩盖问题、逃避责任的做法都是不被提倡的，因为那样非但不能提高凝聚力，反而会引起别人的反感。相反，在关键时刻能够坦诚沟通，积极处理问题的人才最能赢得别人的支持。

7. 不过分追逐权力，会放权的领导能获得员工的感恩

"领导"的意义不在于事无巨细、全盘打理，而在于向人们展示如何将自主权授予下属，使其自行解决问题，并主动去配合他人的努力。曾先后担任福特汽车公司总裁和克莱斯勒汽车公司董事长的艾柯卡在传授其领导经验时曾说："我觉得一名管理人员懂得如何发动另一个人去干，他就做出了很大成绩。要使一个企业运转起来，发动人就是一切。"艾柯卡告诉我们，领导对下属来说不只是发号施令的将军，更多的是一名参谋、一名顾问和一位高级同事，领导的主要职责就是让下属"自己成为自己的上司并去制定自己的目标"。

从某种意义上说，领导如何广泛地凝聚力量，调动下属及全部职工的工作积极性，是他的本质工作。有些人认为，领导就是大权在握、唯我独尊、以自我为中心的"大佬"级人物，其实不然，作为一名称职的领导，应当总揽全局，腾出一定的精力去做一些决策性、规划性的工作，将那些具体的工作适当交由他的下属们去执行即可。一名合格的领导，应懂得授权，让有能力的人有权力，给他们充分的空间和自由。只有这样，才能确保企业既用到符合岗位标准的员工，又能让员工感到有足够的发挥空间，在企业中得到自身价值的认可，对企业感恩，更好地为企业尽心尽力。

授权，是指在分配工作的时候，赋予下属相应的权力，准许下属

在一定范围内调度人力、物力和财力，允许下属自行做出决定、完成任务。也就是说，下属能够独立完成的事情，领导不必亲自做，只需要及时下放权力即可。

在 SOHO 房地产公司，潘石屹很少对员工进行管理监督。因为他觉得，管理不是时时刻刻对员工进行监督，管理者只是给员工创造了一个竞争的氛围，使每个员工都有自己明确的目标，让他们在工作中拥有足够的空间和自由。

潘石屹相信，领导的职责就是放权。如果员工要完成自己的目标，领导只要给他设置一个终点，让他充分发挥自己的主动性和创造性去完成，到了考核的时候，管理层在终点给员工评分即可。

潘石屹这样讲述自己的领导哲学："让公司所有的员工按照自己的意愿去做事情，这是非常关键的，不要认为自己是领导，就千方百计地干扰他，只要将大方向制定好了，让他们按照自己的意愿去做事情，这样他们的创造性才能完全发挥出来。计划经济下，有些行政命令为什么没有做好呢？关键就是没按企业和个人的意愿去做事情，所以就常出问题。"

优秀的领导从来不贪恋权力，因为他们懂得，尽量让员工参与到决策中来，让他们有"主人翁"的心态，像主人一样思考问题，才能增强他们的积极性和创造性，从而提升团队凝聚力，提高工作业绩。工作业绩搞上去了，员工们就会明白领导的良苦用心，从而更加感恩于他。相反，过多的约束和牵制非但不能让员工全身心投入，反而让他们感到厌烦和压力，使他们容易分心，不能更好地投入工作。

下属获得一定的权力后，会积极地投入工作，但我们知道，下属手中掌握的资源必定有限，在完成某项任务时，或因条件不足，或遇到人际障碍，都会影响任务的顺利完成。所以这时候，领导不光要学会放权，还应在授予权力后，为下属撑腰，为他们完成任务扫清障碍、创造条件。

西尔斯与罗拜克合作成立了西尔斯·罗拜克公司，专做邮寄生意，用邮寄方式为客户发货。虽然公司的生意蒸蒸日上，但两人毕竟只是半路出家的商人，并不擅长经营管理，所以当生意逐渐扩大后，两人便有了力不从心的感觉。于是，他们特意聘请了经营专家路华德为公司总经理，全权打理公司业务。

在路华德看来，邮寄生意有着其独特的特点，当顾客对商品不满意时，调换很困难。所以一旦顾客感到不便，他就会放弃邮购方式。因此，路华德认为，要想做好邮寄生意，必须狠抓进货关，保证公司卖出去的每样东西都"货真价实"。由此，他制定了严格的质量标准，亲自把关，将劣质品挡在公司仓库门外。

但这种过于苛刻的质量管理方法很快就引起了厂商们的不满，他们竟联合起来，拒绝向西尔斯·罗拜克公司供货。遇到这种棘手的事，路华德没有擅作主张，而是匆忙去找两位老板商量。西尔斯和罗拜克从内心深处赞赏路华德的做法，给他打气说："这些日子辛苦你了，如果能少卖几样东西，不是可以轻松一下吗？"

路华德很快明白了老板的意图：老板支持自己的做法！

有了老板做坚强后盾，路华德做起决策来更有底气了，这也更加坚定了他将质量放在第一位的决心，宁可让生意受损，也决不向供货商屈服。这样坚持了一段时间后，供货商见抵制无效，又害怕生意被别人抢走，只好重新向西尔斯·罗拜克公司供货。

路华德的举措为西尔斯·罗拜克公司赢得了良好的声誉，10年之内，它的营业额增长了600多倍，创造了一个经营奇迹。时至今日，该公司的营业额已达数百亿美元，成为世界最大的邮购公司。

正是西尔斯和罗拜克在关键时刻的放权，让路华德坚持了正确的做法，而正确的做法最终也收获了良好的结果。从中我们可以看出，领导的放权能让下属受到鼓励，为下属顺利地进行工作提供支持，这样下属才能有机会发展能力，在事业生涯中更上一层楼。同时，领导的魅力也在放权之中展露无遗。

【修炼箴言】

放权有助于下属在实际工作中得到锻炼，工作能力得到提升，与此同时，下属也会对领导的放权行为发出由衷的感谢，从而以"主人翁"精神参与到工作中去。

8. 打铁还需自身硬，做学习不辍的团队领航者

《论语》中有这样一句话："其身正，不令而行；其身不正，虽令不从。"孔子的话是颇有见识的，值得世人警醒。从古至今，榜样的作用从来都是不可低估的。一个好的榜样能够带给人积极前进的动

力，一个坏的榜样却恰恰相反。刘向《后汉书》中也有云："与善人居，如入芝兰之室，久而不闻其香，则与之化矣；与恶人居，如入鲍鱼之肆，久而不闻其臭，亦与之化矣。"由此可见，环境对人的影响是非常巨大的，由此引申到企业当中，领导的德才学识，对团队的影响也是非常巨大的，而且必将关系到企业的成败。

然而，当今时代，科技进步日新月异，知识更新不断加快，不学习就会落伍，不学习就跟不上社会形势。领导不光要具备优秀的人格魅力，不光要威信服人，还要身先士卒、不断学习、与时俱进，使自己在各个方面都能成为人们竞相效仿的榜样。

最近被公众热议的一句话：打铁还须自身硬可谓饱含深意。这句话之所以内涵丰富、思想深刻，关键就在于它揭示了一个很重要的道理："治人者必先自治，责人者必先自责，成人者必须自成。"领导要想带好团队，只有加强自我修养、自我学习、自我改造、自我提升，才能做一个优秀的人，才能为他人树立榜样，才能被他人所尊重和敬仰。

三国时期，吴国名将吕蒙屡建战功，深受吴主孙权器重。然而，吕蒙出身行伍，幼时家境贫寒，没有机会读书习字，除了苦练武功之外，没有接触过诸子百家的著作。有一天，吴主孙权把吕蒙请来，关心地对他说："如今你已是朝廷既有权势又有名望之人，须知战场上只讲武战是不够的，你还应该多读点书，增加一些见识，才能不负众望啊！"

对于吴主的这一番关怀和要求，吕蒙显得有些窘迫，他辩解说："我整日在军营里忙碌，连军务都快处理不过来呢，哪里还有闲心看书呢？"

"不对呀，"孙权耐心地开导他，"军务再忙，也不能当做不读书的借口啊，难道我不忙吗？朝廷上下，内政外交，什么事都需要我操心，但我还是抽出时间来读书。而且我的意思不是说让你不问军务，整日埋头在书籍里，而只是想让你学学前人留下来的经验，扩大些眼界，充实一下自己，这样对你日后领导军队是极有益处的……"

吕蒙一听，觉得很有道理，便说："主公所言极是，我听说光武皇帝也是一位勤奋好学的人，在兵荒马乱的军旅生活中，他常常以书为伴，从没放弃学习……我要以他为榜样，下苦功夫读书！"

言必行，行必果。从那以后，吕蒙坚持天天读书，增长了不少见识。一天，鲁肃到吕蒙的驻地去看望他，吕蒙盛情款待。席间吕蒙与鲁肃交谈议事，并向他献了五条提防关羽的妙计，鲁肃听罢，不禁惊喜万分，高兴地说："我以前只知道你有武功，现在才知道你还有广博的学识。你已经不是从前的那个阿蒙喽！"

吕蒙也大笑起来："读书人分别了几日后，就应当用新眼光重新看待他，兄长你看清楚这件事情也太晚了啊！"

这就是"士别三日，当刮目相待"的故事，吕蒙通过学习改变了鲁肃对他的印象，也因此成为一个有勇有谋的名将。吕蒙的故事告诉我们，作为领导，要想提升自己"领兵打仗"的能力，就要不断学习，在学习中开拓眼界、提升自己，将自己修炼成一个时刻能为人师的人。

身教胜于言教。领导的行为本身就是一把尺子，下属就是用这把尺子来衡量自己的。作为领导，如果你要求士兵做到某一点，那么你首先要做到；你要求下属不做的，你首先要不做。只有自身功夫过硬，才能让部下心服口服，从而调动其自觉性，并影响他们朝着良性的方向发展。

作为现代管理者，更应该不断修炼"内功"，在这个科技迅猛发展的时代，管理者必须及时掌握新知识、新技能，才能跟得上时代的步伐，取得事业的成功。一个优秀的管理者要随时随地地研究和注意自己领域的知识和技能，而且一定要研究地十分透彻。在这方面，千万不要疏忽大意，不求甚解，另外，一些表面看来微不足道的事情，也要仔细地观察，直到完全探究清楚，否则当你在领导团队的过程中，出现盲区或障碍时，你的个人魅力也会因此而降低。而那些能够不断学习，全身心投入事业的领导，其谦逊、勤奋和无私奉献的精神，自然会使团队成员受到强烈感染，使整个团队充满朝气。

晚清重臣、湘军之父曾国藩虽然生前功勋赫赫、知识渊博，但他从没有一刻放弃学习，即使到他年老身体衰弱之时，每天常想多卧多躺，公事不能仔细批阅，仍为之感到惭愧，看书却不曾间断，不看就心里觉得不安。弥留之际的曾国藩仍然手不释卷，有时候还作诗，这给世人树立了很好的榜样。

榜样的力量是无穷的，一个时时学习、不断进取的领导是令人称赞的。这种精神能够带给人鼓舞，所以，它也是提升团队凝聚力的一种效果显著的良剂。

【修炼箴言】

领导的魅力在于保持谦抑之心，时时学习进取，打造自身能力。一个"自身硬"的领导就像一面高扬的旗帜，能让团队从中看到希望与方向，充满信心和力量，从而激发斗志、凝心聚力，朝着共同的目标前进。